Fiches de droit des contrats administratifs

Rappels de cours et exercices corrigés

Fabien Hoffmann

Maître de conférences en Droit public,
Université de Corse
Avocat à la Cour

ellipses

ISBN 9782340-003873

32, rue Bargue 75740 Paris cedex 15

www.editions-ellipses.fr

Sommaire

Contrat administratif et acte unilatéral

Fiche 1

Définition

Administration contractuelle : mode d'action de l'administration tendant à substituer à l'acte unilatéral le contrat.

Le droit administratif, terre d'élection de l'unilatéralité, n'échappe pas au contrat. Non seulement les personnes publiques y recourent pour obtenir des biens ou des prestations (marché public, délégation de service public...) mais également le contrat constitue un nouveau mode d'administration, l'État et les collectivités territoriales le substituant fréquemment à l'acte unilatéral. Or ce phénomène que l'on nomme « l'administration contractuelle » (**I.**), pose de nombreux problémes de qualification juridique (**II.**).

I. L'administration contractuelle

Afin de rendre son action plus consensuelle, l'administration substitue le contrat à l'acte unilatéral dans des domaines très diversifiés (**A.**). Pour autant, l'alternative contrat/acte unilatéral n'est pas sans limites puisque certaines matières ne peuvent être contractualisées (**B.**).

A. Les principaux domaines contractualisés

1. Le domaine économique et social

Si l'État, au moins depuis l'Ancien Régime et son adhésion au Colbertisme, intervient dans l'économie, les formes de cette intervention oscillent entre une tendance libérale et une tendance plus interventionniste de type keynésienne. Actuellement, sans renier ni le libéralisme ni l'interventionnisme, émerge une nouvelle figure, l'État régulateur, et un nouvel instrument, le contrat. Les exemples suivants permettront de mieux mesurer l'importance de la technique contractuelle :

- *d'abord, en matière d'aides économiques et à la création d'emploi.* En effet, si en principe, ces aides sont unilatérales, rien n'interdit qu'elles prennent la forme d'un contrat (CE, 23 sept. 1987, Sté Sagem : Rec. CE, p. 287; AJDA 1987, p. 610, chron. Azibert et De Boisdeffre). D'ailleurs, preuve du caractère attractif de la technique contractuelle, laquelle permet notamment de fixer des objectifs au bénéficiaire de l'aide, le recours au contrat est parfois obligatoire. Ainsi, le législateur impose-t-il la conclusion d'un contrat pour certaines aides spécifiques (aides à l'immobilier d'entreprise, à la reprise d'entreprises ou à la constitution de fonds de garantie - art. L. 1511-3, L. 1511-7 et L. 3231-7 du code général des collectivités territoriales). Surtout, toute subvention dépassant 23 000 euros (art. 1er du décret n° 2001-495 du 6 juin 2001) devra être contractualisée (art. 10 de la loi n° 2000-321 du 12 avril 2000 relative aux droits des citoyens dans leurs relations avec l'administration);

- *ensuite, en matière de protection sociale.* La protection sociale, l'action sociale et médico-sociale constituent un autre domaine de prédilection du contrat. Depuis les années soixante-dix, sont ainsi conclues des conventions avec les représentants des professions médicales et paramédicales et les organismes de santé. Par ailleurs, l'État contracte également avec les caisses de sécurité sociale (art. L. 227-1 du code de la sécurité sociale) et les établissements sanitaires et sociaux (art. L. 6114-1 et s. du code de la santé publique) afin d'établir, par exemple, des principes de bonne gestion. Enfin, la contractualisation porte aussi sur le prix de vente des médicaments (art. L. 162-16-4 du code de la sécurité sociale).

2. L'aménagement du territoire

Le contrat est un instrument très largement utilisé dans l'aménagement du territoire : contrats de plans entre État et communautés urbaines en 1970, contrats de villes moyennes en 1973, contrats de pays à partir de 1975, contrats habitat et vie sociale à compter de 1977, chartes intercommunales de développement et d'aménagement en 1983, notamment. Surtout, la loi n° 82-653 du 29 juillet 1982 portant réforme de la planification avait prévu en son article 11 que « *l'État peut conclure avec les collectivités territoriales, les régions et les entreprises publiques ou privées et éventuellement avec d'autres personnes morales, des contrats de plan comportant des engagements réciproques des parties en vue de l'exécution du plan et de ses programmes prioritaires* ».

Ce phénomène s'est vu renforcé par la jurisprudence du Conseil constitutionnel qui a jugé qu'« *aucun principe ou règle de valeur constitutionnelle ne s'oppose à ce que l'État passe des conventions avec les diverses collectivités territoriales de la République telles que les communes, les départements, les régions et les territoires d'outre-mer* » (CC, 19 juillet 1983, n° 83-160 DC : RDP 1986, p. 395, comm. L. Favoreu).

Sans prétendre évidemment à l'exhaustivité, l'on mentionnera, parmi les dispositions du code général des collectivités territoriales qui prévoient le recours au contrat :

- l'article L. 5111-1 qui permet la conclusion de conventions entre les départements, les régions, leurs établissements publics, leurs groupements et les syndicats mixtes pour la réalisation de prestations de services;
- l'article L. 5221-1 qui porte sur les conventions passées dans le but d'entreprendre ou de conserver à frais communs des ouvrages ou des institutions d'utilité commune;
- et l'article L. 5223-1 qui est relatif aux chartes intercommunales de développement et d'aménagement que des communes peuvent élaborer.

B. Les domaines non contractualisables

Les exemples qui viennent d'être exposés, et qui n'illustrent que partiellement le phénomène de contractualisation de l'action administrative, ne doivent pas induire pas en erreur : l'ensemble de l'action administrative n'est pas contractualisable. La jurisprudence a eu, en effet, à préciser que certains domaines sont fermés au contrat.

D'une part, une autorité administrative ne peut transférer à un tiers le pouvoir de décision unilatérale (CE, 30 septembre 1983, fédération départementale des associations agréées de pêche de l'Ain : Rec. CE, p. 392).

En outre, une autorité administrative ne peut prendre un engagement sur une décision unilatérale future (CE, 23 janvier 1981, Siméon : AJDA 1981, p. 204).

D'autre part, l'autorité en charge des compétences de police administrative ne peut déléguer l'exercice de ses missions (CE, 17 juin 1932, Ville de Castelnaudary : Dalloz 1932 III p. 26), sauf à ce qu'il s'agisse de prestations purement matérielles comme l'enlèvement de véhicules en stationnement illicite (CE, 19 février 1988, SARL Pore Gestion : Rec. CE, p. 77).

II. Les problèmes de qualification

Le développement du recours à la technique contractuelle est de nature à poser deux problèmes de qualification juridique. D'une part, la distinction du contrat et de l'acte unilatéral est malaisée (**A.**). D'autre part, concernant les contrats de subventionnement, pèse sur eux un risque de requalification en marché public ou en délégation de service public (**B.**).

A. La distinction du contrat et de l'acte unilatéral

Entre le contrat (négocié et consenti) et l'acte unilatéral imposé, il existe une grande variété de situations intermédiaires : contrats d'adhésion, contrats obligatoires, actes unilatéraux négociés... Or selon qu'un acte est un contrat ou un acte unilatéral, il sera soumis à un régime juridique et contentieux distinct. Il convient donc d'établir un ou des critère(s) de distinction.

Il s'agit là d'un enjeu doctrinal ancien. Certains auteurs avaient proposé de se fonder sur la volonté des participants à l'opération juridique (not. L. Duguit, Traité de droit constitutionnel, T. 1, 3e éd., 1927, p. 368 et s.). D'autres avaient proposé d'opérer une distinction en fonction de la norme créée : soit l'acte régit les rapports mutuels entre ses auteurs et il s'agit d'un contrat, soit il a d'autres sujets que ses auteurs et il s'agit d'un acte unilatéral (Ch. Eisenmann, Cours de droit administratif, Tome 2, LGDJ 1983, p. 394).

En réalité, la jurisprudence combine ces critères. Outre qu'il ne pourrait y avoir contrat là où la loi en prohibe explicitement ou implicitement le recours (CE, 20 mars 2000, MM. *Mayer et Richer*, AJDA 2000, p. 756 et s., note Y. Jegouzo), le juge prend évidemment en considération que l'acte est destiné ou non aux seules parties puisqu'un contrat régit uniquement l'activité des contractants. En outre, l'intention des parties éclairera aussi le juge, un acte étant qualifié de contrat « *eu égard à la volonté exprimée* » par ses auteurs (CE, 20 mars 1996, *Commune de Saint-Céré* Dr. adm. 1996, n° 307).

B. Les risques de requalification pesant sur les contrats de subventionnement

Lorsque les personnes publiques contractualisent leurs subventions (art. 10 de la loi précitée n° 2000-321 du 12 avril 2000), cette opération juridique présente un risque de requalification en marché public ou en délégation de service public (sur les critères de qualification de ces contrats, v. *infra* **Fiche n° 18**).

En effet, en imposant une contrepartie précise (travail, accueil d'enfants, de personnes handicapées) au versement d'une subvention à une association par exemple, ce versement peut s'analyser en un prix et le contrat en un marché public. Or si aucune mesure de publicité ou de mise en concurrence n'a été suivie (ce qui est presque toujours le cas en matière de subvention) ce contrat pourra être invalidé par le juge (CAA Bordeaux, 21 juin 2011, n°10BX01717). De la même manière, il a été jugé qu'un contrat de subventionnement pouvait être requalifié en délégation de service public (CAA Lyon, 18 avr. 2013, n° 12LY01547, Cne Saint-Nectaire) et annulé en ce que n'auraient pas été suivies les procédures afférentes.

Les risques juridiques sont donc importants pour les personnes publiques. Afin d'échapper à une requalification en marché public, il conviendrait que la personne publique ne fixe pas de contreparties trop précises à la subvention. Quant à la requalification en délégation de service public, elle devrait être évitée si l'activité subventionnée n'est pas née d'une initiative publique (CE, 6 avr.

2007, n° 284736, Commune d'Aix-en-Provence : AJDA 2007, p. 1020, chron. F. Lenica et J. Boucher), mais d'un projet porté par l'association subventionnée.

À RETENIR

- Les personnes publiques recourent de plus en plus au contrat, en ce que cette technique juridique paraît moins autoritaire que l'acte unilatéral.
- La distinction entre contrat et acte unilatéral est complexe et ne peut se réduire à un critère unique.
- Sur les conventions de subventionnement pèse un risque de requalification en marché public ou en délégation de service public.

Pour en savoir plus

- Conseil d'État, *Le contrat, mode d'action publique et de production de normes – Rapp. public 2008* : EDCE n° 59, Doc. fr., 2008.
- M. Karpenschif, *Contrats publics et subvention* : CP-ACCP 2008, n° 73, p. 52.
- S. Nicinski, Les *associations et le droit administratif : plaidoyer pour la convention d'objectifs et de moyens* : Dr. adm. 2006, étude 11.

Pour s'entraîner

1) **La commune de A. a décidé d'accorder à l'association B. une subvention pour mener une action d'intérêt général. À cette fin, la commune et l'association ont conclu une convention précisant les conditions d'octroi de cette subvention. L'association n'ayant pas respecté ses engagements, la commune souhaite récupérer le montant des subventions. Selon vous, la commune devra-t-elle appliquer le régime des actes unilatéraux (le retrait) ou celui des contrats administratifs (la résiliation pour faute) ?**
2) **La région B., afin de développer la formation professionnelle, a subventionné plusieurs organismes de formation. Selon le contrat-type signé avec ces organismes, ceux-ci établissent tous les mois un état de fréquentation des stagiaires qui suivent les programmes de formation établis par la région. En outre, l'aide n'est versée que si les dépenses prévisionnelles sont réalisées, ou proratisée si elles ne sont qu'en partie réalisées. Qu'en pensez-vous ?**

Corrigé

1) Toute la difficulté en l'espèce est de déterminer la nature exacte de l'opération juridique. Selon la jurisprudence administrative, il faut distinguer, au sein de cette opération juridique, un acte unilatéral (la décision d'octroyer la subvention) et une convention qui n'en est que l'accessoire (les conditions d'utilisation de la subvention). C'est ce qui résulte d'un arrêt du 5 juillet 2010 (CE, 11 juillet 2010, Chambre de commerce et d'industrie de l'Indre : JCP adm. 2010, n° 38, p. 33, note J.-P. Markus). Selon le juge, c'est en appliquant la jurisprudence sur le retrait des actes unilatéraux (CE, ass., 26 oct. 2001, n° 197018, Ternon : Dr. adm. 2001, comm. 253, I. Michallet) que la commune pourra recouvrer la subvention.

2) Cette opération juridique présente un risque de requalification en marché public. En effet, les actions de formation sont définies par la région et la subvention peut donc s'analyser en un prix. Comme ce contrat n'a pas été précédé de mesures de publicité et de mise en concurrence, il serait donc conclu en méconnaissance du code des marchés publics (sur une espèce approchante : v. CAA Bordeaux, 21 juin 2011, n°10BX01717).

La classification des contrats administratifs

Fiche 2

Définitions

Liberté contractuelle : *capacité des personnes physiques ou des personnes morales de contracter ou ne pas contracter avec la personne de leur choix, ainsi que de définir le contenu des obligations qu'elles s'imposent.*

Domaine public : *le domaine public d'une personne publique est constitué des biens lui appartenant qui sont soit affectés à l'usage direct du public, soit affectés à un service public pourvu qu'en ce cas ils fassent l'objet d'un aménagement indispensable à l'exécution des missions de ce service public. Ces biens sont soumis à un régime exorbitant du droit commun.*

Domaine privé : *ensemble des biens ne relevant pas du domaine public et soumis à des règles analogues au droit privé.*

En raison du caractère principalement jurisprudentiel du droit des contrats administratifs, l'on ne dispose d'aucune classification légale comme en droit privé, le code civil distinguant entre le contrat synallagmatique et le contrat unilatéral, le contrat à titre onéreux et le contrat à titre gratuit (art. 1102 et s.). Doctrinale par nature, toute classification demeure une simple proposition (**I.**) insusceptible de rendre compte de la richesse des situations concrètes (**II.**).

I. Propositions doctrinales de classification

Certains auteurs ont présenté des classifications des contrats administratifs. Ainsi, le professeur Guettier envisage les contrats administratifs soit comme une technique d'organisation, soit une technique d'acquisition, soit une technique d'évolution ou encore comme une technique de valorisation (Droit des contrats administratifs : PUF 2011).

De son côté, le professeur Richer propose lui une distinction entre les contrats d'encadrement, les contrats de moyens, et les contrats-buts (Droit des contrats administratifs : LGDJ/Lextenso : 2012).

À ces deux propositions de classification, centrées sur les finalités des contrats administratifs, l'on en ajoutera une troisième prenant davantage en compte leur objet. En particulier, il est possible de distinguer entre les contrats portant sur une chose (**A.**) et les contrats portant sur un service (**B.**).

A. Les contrats portant sur une chose

Les marchés publics

Aux termes de l'article 1er du code des marchés publics, « *les marchés publics sont les contrats conclus à titre onéreux entre les pouvoirs adjudicateurs* [...] *et des opérateurs économiques publics ou privés, pour répondre à leurs besoins* », notamment en matière de travaux ou de fournitures.

Les conventions domaniales

Les conventions domaniales sont les contrats par lesquels une personne est autorisée à occuper le domaine public ou privé d'une personne publique. Certains de ces contrats peuvent être assortis de droits réels garantissant, lorsqu'ils sont conclus sur le domaine public, une certaine pérennité. En particulier, les personnes publiques peuvent conclure des baux emphytéotiques qui sont des contrats de longue durée (art. 1311-2 du code général des collectivités territoriales).

Les offres de concours

Type même du contrat unilatéral (contrat ne comportant d'obligation que pour l'une des parties), l'offre de concours consiste dans le versement d'une somme d'argent par une personne privée à une personne publique pour que cette dernière réalise des travaux, généralement utiles à cette personne privée. Il résulte d'une jurisprudence constante que, une fois l'offre acceptée par la personne publique, son auteur ne peut plus la retirer (CE, 15 février 1989, Cudel-Oury : RDP 1989, p. 1795) et, caractéristique du contrat unilatéral, la personne publique n'est jamais obligée de réaliser les travaux (CE, 17 juin 1960, Langellier-Bellevue : Rec. CE, p. 405).

B. Les contrats portant sur un service

Les délégations de service public

Selon les dispositions de l'article 38 de la Loi n° 93-122 du 29 janvier 1993 relative à la prévention de la corruption et à la transparence de la vie économique et des procédures publiques, « *une délégation de service public est un contrat par lequel une personne morale de droit public confie la gestion d'un service public dont elle a la responsabilité à un délégataire public ou privé, dont la rémunération est substantiellement liée aux résultats de l'exploitation du service* ». Ce contrat permet ainsi d'externaliser l'exécution même du service public.

Les marchés publics

À côté des marchés publics de travaux et de fournitures, le code des marchés publics prévoit la possibilité pour un pouvoir adjudicateur d'obtenir une prestation de service (audit, nettoyage...) contre le versement d'un prix.

Les contrats de recrutement

Malgré l'existence en droit français d'une fonction publique plaçant les agents dans une situation légale et réglementaire, il n'en demeure pas moins que les personnes publiques recourent fréquemment au contrat pour recruter leurs agents dans deux hypothèses principales : soit pour assurer le remplacement d'un fonctionnaire absent ou pour pourvoir à une vacance temporaire d'emploi, soit lorsqu'il n'existe pas de corps de fonctionnaires susceptibles d'assurer les fonctions correspondantes, ou lorsque des circonstances particulières font obstacle au recrutement d'un fonctionnaire.

II. Relativité des classifications

Une classification est toujours sujette à caution. Concernant celles proposées en matière de contrats administratifs, elles se heurtent, d'une part, au développement des montages contractuels complexes (**A.**) et d'autre part à la reconnaissance en droit administratif du principe de la liberté contractuelle (**B.**).

A. Le développement des montages contractuels complexes

L'on doit au professeur Philippe Terneyre d'avoir développé cette notion (AJDA 1994, n° spécial, p. 43).

À titre principal, l'on peut distinguer entre les contrats uniques ayant plusieurs objets et les groupes de contrats (différents contrats unis par un objet commun ou conclus pour réaliser une seule opération), sachant que ces deux situations ne sont pas exclusives.

Ainsi, les dispositions de l'article 38 de la Loi précitée n° 93-122 du 29 janvier 1993 prévoient que les délégations de service public peuvent en plus de la gestion du service imposer au délégataire la construction d'ouvrage ou l'acquisition de biens. En outre, il est fréquent que, à cette convention principale, soient rattachés des contrats de financement et des contrats d'occupation du domaine public.

Autre exemple de montage contractuel complexe : le contrat de partenariat. L'ordonnance n° 2004-559 du 17 juin 2004 sur les contrats de partenariat a intégré en droit français un nouveau type de contrat qu'elle définit comme « *un contrat administratif par lequel l'État ou un établissement public de l'État confie à un tiers, pour une période déterminée en fonction de la durée d'amortissement des investissements ou des modalités de financement retenues, une mission globale ayant pour objet la construction ou la transformation, l'entretien, la maintenance, l'exploitation ou la gestion d'ouvrages, d'équipements ou de biens immatériels nécessaires au service public, ainsi que tout ou partie de leur financement à l'exception de toute participation au capital*».

Dernier exemple d'opération contractuelle complexe : les conventions d'aménagement. En vertu de l'article L. 300-4 du code de l'urbanisme, l'État, les collectivités locales ou leurs établissements publics peuvent confier l'étude et la réalisation des opérations d'aménagement. En particulier, les actions ou opérations d'aménagement ont pour objets de mettre en œuvre un projet urbain ou une politique locale de l'habitat (art. L. 300-1 du code de l'urbanisme).

Ainsi, certaines opérations contractuelles ont tout autant pour objet une chose (travaux) ou un service (entretien de l'ouvrage réalisé), rendant incertaine toute systématisation.

B. La reconnaissance en droit administratif du principe de la liberté contractuelle

Bénéficiant du principe de la liberté contractuelle, l'administration et ses cocontractants peuvent adapter leurs obligations contractuelles à leurs projets et rendre encore plus vaine toute tentative de classification, même si cette liberté est assortie de nombreuses limites.

1. Si la consécration de ce principe au bénéfice des personnes privées par le Conseil d'État est maintenant ancienne (CE, sect., 28 janv. 1998, Borg Warner), la liberté contractuelle des personnes publiques n'a été que récemment reconnue pour les raisons suivantes :

D'abord, la doctrine publiciste a longtemps été indifférente à l'égard de la liberté contractuelle qui n'était pas pour les auteurs fondateurs de la matière une clé d'explication, comme en droit privé. Une preuve, parmi d'autres : le magistral *Traité des contrats administratifs* d'André de Laubadère et des professeurs Franck Moderne et Pierre Delvolvé (tomes 1 et 2 : LGDJ 1983 et 1984) ne consacre aucun développement spécifique à la liberté contractuelle, à laquelle on a longtemps préféré l'intérêt général ou le service public.

En outre, certains auteurs ont, dans une posture assez radicale, énoncé que les personnes publiques ne pouvaient en aucune façon disposer d'une liberté contractuelle parce qu'elles n'ont pas de droits, mais simplement des compétences (E. Picard, *La liberté contractuelle des personnes publiques constitue-t-elle un droit fondamental ?*, AJDA 2000, p. 651).

Toutefois, sous l'influence des grandes lois de décentralisation du début des années 1980 et peut-être aussi de la considération que si les personnes publiques ne disposent pas de la liberté contractuelle, il serait impossible de la reconnaître aux personnes privées contractant avec elles (Ch. Bréchon-

Moulènes, Liberté contractuelle des personnes publiques : AJDA 1998, p. 64), le Conseil constitutionnel a admis l'existence d'une liberté contractuelle des personnes publiques sur le fondement de l'article 4 de la Déclaration de 1789 et de l'article 72 de la Constitution relatif au principe de libre administration des Collectivités territoriales (Cons. const., 30 nov. 2006, déc. n° 2006-543 DC : *Journal officiel* 8 décembre 2006).

2. La liberté contractuelle en droit administratif n'a évidemment pas une portée absolue.

D'une part, la passation des principaux contrats (marché public, délégation de service public, contrat de partenariat) est soumise à des procédures de publicité et de mise en concurrence (v. *infra* **Fiches n° 14 et 16**), les personnes publiques ne pouvant choisir discrétionnairement leurs cocontractants.

D'autre part, l'administration n'a pas toujours le libre choix des contrats qu'elle peut conclure.

Prenons un exemple. Pour réaliser une opération de travaux, l'administration conclura en principe un marché public de travaux, mais elle peut être incitée à conclure un autre type de contrat afin d'échapper à la règle des marchés publics qui interdit le paiement différé, ce qui oblige les personnes publiques à préfinancer en intégralité leurs opérations. Cette personne publique envisagera peut-être de recourir à des contrats de droit privé et, en particulier, à la vente en l'état futur d'achèvement (VEFA) qui permet d'étaler dans le temps le paiement de l'opération. Toutefois, le Conseil d'État a limité le recours à ce type de montage contractuel. En effet, le Conseil d'État a jugé que lorsque l'objet d'une opération est la construction même pour le compte de la collectivité d'un immeuble entièrement destiné à devenir sa propriété et conçu en fonction de ses besoins propres, il ne peut être passé qu'un marché public (CE, sect. 8 février 1991, Région Midi-Pyrénées : RFDA 1992, 48, concl. Pochard), ce qui limite donc la faculté de choix des personnes publiques...

À retenir

- Les personnes publiques disposent de nombreux montages contractuels leur permettant de répondre à l'ensemble de leurs problématiques.
- Ces contrats peuvent faire l'objet de plusieurs classifications qui ont pour point commun leur relativité puisque le développement des montages contractuels complexes et la reconnaissance du principe de la liberté contractuelle rendent les situations concrètes extrêmement diversifiées.
- L'on doit faire le constat d'une diversification des contrats administratifs résultant de la consécration du principe de liberté contractuelle.

Pour en savoir plus

- D. de Béchillon, *La liberté contractuelle dans la Convention européenne des droits de l'homme in Juger l'administration, administrer la justice : Mélanges en l'honneur de Daniel Labetoulle*, Dalloz, 2007, p. 53.
- P.-Y. Gahdoun, *la liberté contractuelle dans la jurisprudence du Conseil constitutionnel* : Dalloz, NBT, 2008.
- P.-Y. Gahdoun, *La liberté contractuelle des personnes publiques et la Constitution* : RD publ. 3-2007, p. 845.

Pour s'entraîner

Une communauté de communes a souhaité acquérir des locaux pour y établir son siège. Par une délibération du 15 mars 2013, son conseil a approuvé le principe de l'acquisition de locaux, en l'état futur d'achèvement, auprès de la société X. Une promesse de vente est intervenue le 26 janvier 2014. Qu'en pensez-vous ?

Corrigé

Si aucune disposition législative n'interdit aux collectivités publiques de procéder à l'acquisition de biens immobiliers au moyen de contrats de vente en l'état futur d'achèvement, celles-ci ne sauraient recourir à de tels contrats en toute hypothèse et contourner le code des marchés publics.

Ainsi, lorsque l'objet de l'opération consiste en la construction même d'un immeuble pour le compte de la collectivité publique, lorsque l'immeuble est entièrement destiné à devenir sa propriété et lorsqu'il a été conçu en fonction des besoins propres de la personne publique, seul un marché public peut être conclu.

Or, en l'espèce, l'immeuble paraît être dans son ensemble destiné à devenir la propriété de la communauté de communes et les travaux décidés par la délibération conçus pour les besoins propres de celle-ci. Le recours à la VEFA ne se justifiait pas (v. par ex., CE, 14 mai 2008, n° 280370, Communauté de communes Millau-Grands Causses : Cts et MP2008, comm. 182, obs. G. Eckert).

Droit public et contrat administratif

Fiche 3

Définition

Exorbitance : selon le Littré, ce qui est exorbitant est, premièrement, ce «*qui sort des limites ; qui dépasse de beaucoup la juste mesure*» et, deuxièmement, ce «*qui blesse les convenances, la morale, la règle*». Évidemment, seul le premier sens est concevable concernant le droit administratif, le second impliquant un jugement de valeur.

Il s'agit ici de mettre en évidence certaines des nombreuses particularités qui émaillent le droit des contrats administratifs et qui tiennent à ses sources (**I.**) et à son exorbitance (**II.**).

I. Les sources du contrat administratif

Rendre compte des sources du contrat administratif, c'est constater deux phénomènes majeurs : celui de la spécialisation du droit des contrats administratifs (**A.**) et celui de l'intrusion de règles supra-législatives (**B.**).

A. Du droit *du* contrat administratif au droit *des* contrats administratifs

En réaction aux écrits de Gaston Jèze (Les contrats administratifs de l'État, des départements, des communes et des établissements publics, 1927-1934) qui avaient étudié les règles propres à chaque type de contrat (marché public, concession de service public...), la doctrine postérieure a proposé une théorie générale du contrat administratif. Ce nouveau projet fut, d'abord, l'œuvre du professeur Péquignot qui avait consacré sa thèse à la Théorie générale du contrat administratif (1945). Puis, André de Laubadère et son *Traité des contrats administratif* (1957) se sont inscrits dans cette même démarche validée par la jurisprudence.

En effet, la jurisprudence a été amenée à reconnaître l'existence de «règles générales applicables à l'ensemble des contrats administratifs», comme à propos de la résiliation unilatérale pour motif d'intérêt général (CE, 2 mai 1958, Distillerie de Magnac-Laval – v. *infra* **Fiche n° 20**).

Aujourd'hui cependant, sans nier l'existence de règles générales, l'on doit constater qu'elles se réduisent à la portion congrue en raison du développement des contrats administratifs spéciaux, à savoir de régimes juridiques propres à chaque type de contrat.

Ainsi, sous l'influence notamment du principe de transparence qui impose des mesures de publicité et de mise en concurrence, les régimes juridiques particuliers applicables aux contrats administratifs vont croissant.

Par conséquent, la démarche initiale de Gaston Jèze retrouve aujourd'hui toute sa pertinence...

B. L'intrusion de règles supra-législatives dans le régime des contrats administratifs

D'origine essentiellement jurisprudentielle, le droit des contrats administratifs n'échappe ni à la constitution, ni au droit européen, ni au droit international, comme d'ailleurs tous les autres domaines du droit administratif.

La constitutionnalisation du contrat administratif

Le droit constitutionnel intervient à deux titres sur le régime des contrats administratifs.

D'une part, la constitution et la jurisprudence du Conseil constitutionnel précisent qui du pouvoir réglementaire ou du pouvoir législatif est compétent pour établir les règles gouvernant les contrats administratifs. En particulier, le Conseil constitutionnel a considéré que les contrats administratifs échappent au principe selon lequel, en vertu de l'article 34 de la constitution, la loi détermine les principes fondamentaux des « obligations civiles et commerciales » (CC, 12 mai 1964). D'ailleurs, selon le Conseil constitutionnel, « aucune règle de valeur constitutionnelle n'exige que les conditions de passation des marchés et contrats passés par l'État soient définis par la loi » (CC, 22 août 2002). En revanche, pour les collectivités territoriales, la matière relève de la loi en raison de l'article 72 de la constitution qui garantit le principe de libre administration des collectivités territoriales.

D'autre part, la jurisprudence constitutionnelle a dégagé des principes substantiels. En effet, le Conseil constitutionnel, après avoir reconnu que la transparence est un objectif constitutionnel (CC, 20 janvier 1993), a dégagé le principe d'égalité d'accès à la commande publique sur le fondement de l'article 6 de la déclaration de 1789 (CC, 22 août 2002). De même, le Conseil constitutionnel a établi que les principes de liberté d'accès, d'égalité de traitement et de transparence des procédures constituent les principes généraux de la commande publique (CC, 26 juin 2003).

L'européanisation du contrat administratif

Si le Traité de Rome était silencieux sur les marchés publics, les institutions européennes ont pris l'initiative, dès les années 1960, de lutter contre les discriminations au profit des nationaux dans l'attribution des marchés publics. C'est ainsi que les premières directives en la matière ont été adoptées le 17 décembre 1969 (marchés de fournitures) et le 26 juillet 1971 (marchés de travaux). Depuis, ces textes n'ont cessé d'être remaniés jusqu'au 11 février 2014, le Conseil de l'Union européenne ayant adopté trois nouvelles directives européennes sur les marchés publics et les contrats de concession.

En outre, la jurisprudence européenne s'est montrée de son côté très active. En particulier, la Cour de justice a reconnu l'existence d'une « obligation de transparence » découlant du principe de non-discrimination consacrée par le Traité (CJCE, 7 décembre 2000, Telaustria : AJDA 2001, 106, note L. Richer) dont le champ dépasse celui des marchés publics au sens des directives européennes pour intégrer les concessions de service public. Notons que cette jurisprudence aura perdu de son intérêt lorsque les directives précitées de 2014 auront été transposées puisqu'elles établissent des règles de passation pour les concessions de service (v. *infra* **Fiche n° 16**).

L'internationalisation du contrat administratif

Dans le contexte d'une globalisation du droit, le droit international encadre de plus en plus les relations contractuelles en général, et le contrat administratif en particulier.

Citons, par exemple, le code des marchés publics du GATT signé par vingt-huit États en avril 1978, entré en vigueur en 1980, et l'accord sur les marchés publics signé lors de la conférence de Marrakech le 15 avril 1994 dans le cadre de l'OMC.

II. L'exorbitance du contrat administratif

Après avoir abordé les éléments de spécificité du régime des contrats administratifs, (**A.**), il conviendra de souligner le rapprochement contemporain qui s'opère entre le droit privé et le droit administratif (**B.**).

A. Les éléments de spécificité du régime des contrats administratifs

1. En droit privé, l'exécution du contrat est dominée par le principe selon lequel « *les conventions légalement formées tiennent lieu de loi à ceux qui les ont faites* » (article 1134 du code civil). Il s'ensuit qu'aucune modification du contrat ne peut être décidée sans l'accord des autres parties et qu'une partie ne saurait, de sa seule volonté, résilier le contrat.

Bien que fondamentalement constitué d'un accord de volontés, les contrats administratifs sont soumis à un régime offrant à l'administration contractante de nombreuses prérogatives exorbitantes.

D'une part, l'administration contractante dispose du pouvoir, sous réserve d'une indemnisation de son cocontractant, de modifier unilatéralement les clauses du contrat (CE, 11 mars 1910, Compagnie générale française des tramways – CE, 2 février 1983, Union des transports publics : RDP 1984, 212, note Auby – v. *infra* **Fiche n° 19**).

D'autre part, l'administration contractante dispose également du pouvoir de résilier unilatéralement un contrat aussi bien pour sanctionner une faute de son cocontractant (CE, 30 septembre 1983, SARL Comexp : Rec. 393), que pour un simple motif d'intérêt général (CE, 2 mai 1958, Distillerie de Magnac-Laval : AJDA 1958, II, 282, concl. Kahn – CE, 2 février 1987, Société TV6 : Rec. 29 – v. *infra* **Fiche n° 20**).

Ces prérogatives se justifient par la considération qu'un contrat administratif est certes un accord de volontés, mais qu'il sert aussi l'intérêt général.

2. Du fait de ces pouvoirs unilatéraux, certains auteurs ont mis en évidence que les contrats administratifs ne tiendraient peut-être pas lieu de loi aux parties et qu'ils ne seraient donc pas de véritables conventions, l'administration n'étant pas réellement liée. Toutefois, une telle analyse est certainement excessive.

D'une part, la force obligatoire des contrats en droit administratif est garantie par l'obligation qui pèse sur l'administration d'indemniser son contractant suite à l'exercice de l'un de ses pouvoirs (sauf en cas évidemment de résiliation pour faute grave du cocontractant). Ainsi, l'administration se trouve dissuadée d'en user sans réelle justification.

D'autre part, la Cour européenne des droits de l'homme a admis l'existence d'un «*pouvoir souverain pour modifier, voire résilier, moyennant compensation, un contrat conclu à des particuliers - ainsi le veulent la prééminence des intérêts supérieurs de l'État sur les obligations contractuelles et la nécessité de sauvegarder l'équilibre du contrat*» (CEDH, 9 décembre 1994, Aff. Raffineries grecques Stran c. Grèce : Rec. Vol. 301, p. 65).

Ainsi, ces pouvoirs de l'administration contractante sont conciliables avec la force obligatoire du contrat.

B. Le rapprochement du droit privé et du droit administratif

L'on ne saurait conférer une portée trop absolue à l'exorbitance du contrat administratif en raison d'un rapprochement entre le droit privé et le droit administratif.

En premier lieu, la doctrine privatiste enseigne que le droit privé du contrat s'inscrit aussi, comme le droit administratif, dans la recherche et la préservation de l'intérêt général (J. Ghestin, Traité de Droit civil, La formation du contrat : LGDJ, 3e éd., n° 265), et pas simplement dans la satisfaction de l'intérêt « égoïste » des parties.

En second lieu, le droit privé des contrats connaît également un accroissement de l'unilatéralisme, les pouvoirs de résiliation unilatérale, même sans faute du cocontractant, étant devenus très courants (X. Dupré de Boulois, Le pouvoir de décision unilatérale, étude de droit comparé interne : LGDJ, Bibliothèque des thèses, Droit public, 2006).

Ainsi, l'exorbitance du contrat administratif tend à se réduire et à se manifester essentiellement dans le pouvoir de modification unilatérale qui est elle extrêmement rare en droit privé.

À retenir

- Les sources du contrat administratif connaissent une double évolution : une diversification et un réhaussement.
- Les contrats administratifs se caractérisent par un régime exorbitant dont la nature et la portée doivent être relativisées au regard des évolutions contemporaines du droit privé.

Pour en savoir plus

- C. Bardon et Y. Simonnet, *Telaustria : quel périmètre ?* : Dr. Adm., janv. 2009, p. 14.
- F. Brenet, *La théorie générale du contrat administratif-Évolutions récentes* : AJDA du 12 mai 2003, n° 18, p. 919-924.
- J. L'Huillier, *Les contrats administratifs tiennent-ils lieu de loi à l'administration ?* : D. 1953, p. 87.

Pour s'entraîner

1) ***Quelles évolutions concernant les sources du contrat administratif ?***

2) ***Le régime des contrats administratifs est-il exorbitant ?***

Corrigé

1) À l'origine les sources du contrat administratif étaient largement jurisprudentielles, la loi et le règlement n'interviennent que de façon ponctuelle. Actuellement, on constate une double évolution. D'une part, les sources encadrant le régime de la passation et de l'exécution des contrats administratifs conduisent à une spécialisation des règles applicables. L'idée d'un régime unique applicable à l'ensemble des contrats administratifs s'éloigne. D'autre part, l'on observe un rehaussement des sources du contrat administratif dont le régime est de plus en plus encadré par des règles supra-législatives.

2) Dans un premier temps le régime des contrats administratifs était conçu comme distinct de celui des contrats privés en ce que l'administration contractante disposait de pouvoirs exorbitants (modification et résiliation unilatérales). Deux raisons conduisent à tempérer l'idée selon laquelle les contrats administratifs se distingueraient radicalement des contrats de droit privé. D'abord, même soumis à un régime exorbitant, un contrat administratif demeure un accord de volontés et l'administration engage sa responsabilité contractuelle en cas de modification du contrat ou de résiliation (sauf résiliation pour faute du cocontractant). Ensuite, le droit privé, qui n'est pas étranger à l'idée de garantir l'intérêt général, voit se développer les pouvoirs unilatéraux des contractants.

Droit privé et contrat administratif

Fiche **4**

Définition

Conflit d'intérêts : situation résultant d'un doute raisonnable sur l'impartialité et l'indépendance, notamment, d'un agent public.

Bien que soumis à la compétence du juge administratif et régi par des règles exorbitantes du droit privé, le régime des contrats administratifs incorpore des règles du code civil (**I.**) et du code pénal (**II.**).

I. Code civil et contrat administratif

Bien que le contrat administratif se distingue du contrat de droit privé, il n'en demeure pas moins que le juge administratif applique des dispositions tirées du code civil.

Avant toute chose, une mise en garde doit être faite : si les emprunts sont faits par le juge administratif, certaines similitudes ne doivent pas tromper. Ainsi les notions de contrat, de force obligatoire, de responsabilité contractuelle notamment, bien que définies par le code civil et existant en droit administratif, ne constituent nullement un emprunt fait par le juge administratif au droit privé. En effet, ces notions ne sont aucunement « la propriété » du code civil : la notion de contrat existait avant le code civil et affirmer que la notion même de « contrat » serait tirée du droit privé serait aussi absurde que de soutenir que la notion de « liberté » appartient à la seule Déclaration de 1789.

Cette précision apportée, il n'en demeure pas moins que le juge administratif a pu réaliser de nombreux emprunts au code civil.

D'abord, le juge administratif a tiré du code des régimes juridiques complets, comme celui gouvernant la protection du consentement des parties (v. *infra* **Fiche n° 9**).

Ensuite, le juge applique certaines dispositions spécifiques du code civil. Sans que cette liste ait un caractère exhaustif, il est possible d'évoquer les dispositions suivantes :

- l'article 166 consacrant l'action oblique (CE, 20 octobre 2000, Perreau : BJDCP 2001, n° 17, p. 345, concl. Mignon) ;
- les articles 1168 en 1183 relatifs aux obligations conditionnelles (CAA Paris, 12 novembre 1992, Soc. BSM : REc. 588) ;
- l'article 1202 sur la solidarité (CE, 12 février 1915, Driout : Rec. 23) ;
- les articles 1253 et 1254 relatifs à l'imputation des paiements (CE, 29 juillet 1994, soc. La Main noire : Rec. 382)...

Enfin, pour conserver son autonomie dans l'interprétation de la règle de droit, le Conseil d'État dégage des principes s'inspirant d'une disposition du code civil. L'exemple le plus illustre est certainement la garantie décennale. En effet, le juge administratif n'applique pas les articles 1792 et suivants du code civil mais les principes dont s'inspirent ces dispositions (CE, 2 février 1973, Trannoy : Rec. 95).

Tous ces emprunts, qui relativisent l'exorbitance du contrat administratif, tendent à combler une lacune juridique, découlant de l'absence d'un code sur les contrats administratifs.

II. Code pénal et contrat administratif

Les impératifs contemporains de transparence et de bonne gestion des deniers publics conduisent à une pénalisation croissante du droit des contrats administratifs. Parmi les infractions intéressant les contrats administratifs, il convient d'aborder l'octroi d'avantage injustifié (**A.**), la prise illégale d'intérêt (**B.**), ainsi que la corruption et la concussion (**C.**).

A. Octroi d'avantage injustifié

Selon les dispositions de l'article 432-14 du Code pénal, est sanctionné le fait pour une personne dépositaire de l'autorité publique (ou chargée d'une mission de service public, ou investie d'un mandat électif public notamment), de procurer ou de tenter de procurer à autrui un avantage injustifié par un acte contraire aux dispositions législatives ou réglementaires ayant pour objet de garantir la liberté d'accès et l'égalité des candidats dans les marchés publics et les délégations de service public.

Il s'ensuit que le délit d'octroi d'avantage injustifié sera constitué si les trois éléments suivants sont réunis : un avantage injustifié offert ; l'intention de la part de l'auteur d'avantager un des concurrents ; un manquement aux règles garantissant la liberté d'accès et l'égalité des candidats.

Dans ce cas, les sanctions encourues sont :

- deux ans d'emprisonnement et 30 000 euros d'amende ;
- interdiction de droits civils, civiques et de famille, ou encore la radiation des cadres de la fonction publique à titre de peine complémentaire (432-17 du code pénal) ;
- enfin, l'interdiction d'être inscrit sur une liste électorale (C. élect., art. 7 nouveau).

Une particularité doit être notée : amené à réprimer cette infraction, le juge pénal se transforme en juge administratif puisqu'il devra appliquer, outre les critères de qualification des contrats administratifs, l'ensemble des règles régissant la passation des marchés publics et délégations de service public.

B. Prise illégale d'intérêt

En vertu de l'article 432-12 du Code pénal, le fait, par une personne dépositaire de l'autorité publique (ou chargée d'une mission de service public ou par une personne investie d'un mandat électif public), de prendre, recevoir ou conserver, directement ou indirectement, un intérêt quelconque dans une entreprise ou dans une opération dont elle a, au moment de l'acte, en tout ou partie, la charge d'assurer la surveillance, l'administration, la liquidation ou le paiement, est puni de cinq ans d'emprisonnement et d'une amende de 500 000 €, dont le montant peut être porté au double du produit tiré de l'infraction.

Par conséquent, le délit de prise illégale d'intérêt est constitué lorsqu'une personne investie d'une fonction publique a pris un intérêt dans une entreprise ou une opération qu'elle devait, par exemple, contrôler. Quant à l'élément intentionnel, il est caractérisé par le seul fait que l'auteur a accompli sciemment l'acte constituant l'élément matériel du délit reproché (Cass. crim., 21 nov. 2001 : Bull. crim. 2001, n° 243).

C. Corruption et concussion

Le délit de corruption, défini par l'article 432-11 du code pénal, sanctionne toute personne dépositaire de l'autorité publique (ou chargée d'une mission de service public ou investie d'un mandat électif) qui solliciterait ou agréerait sans droit, des avantages quelconques, soit pour accomplir (ou s'abstenir d'accomplir) un acte de leur fonction, soit pour abuser de leur influence en vue de faire obtenir d'une autorité ou d'une administration publique une décision favorable, comme l'obtention d'un marché public.

Ce délit est puni de dix ans d'emprisonnement et d'une amende de 1 000 000 €.

Sans se confondre avec la corruption, le délit de concussion est constitué par le fait, pour une personne dépositaire de l'autorité publique (ou chargée d'une mission de service public), de recevoir, exiger ou ordonner de percevoir à titre de droits ou contributions, impôts ou taxes publics, une somme qu'elle sait ne pas être due, ou excéder ce qui est dû.

Ce délit est puni de cinq ans d'emprisonnement et d'une amende de 500 000 €, dont le montant peut être porté au double du produit tiré de l'infraction.

À retenir

- Bien que soumis à un régime de droit public sanctionné par le juge administratif, les contrats administratifs sont régis par des dispositions tirées du code civil et du code pénal.
- L'impératif de transparence, qui vise autant à la moralisation de l'action publique qu'à la protection des deniers publics, conduit à une forte pénalisation des contrats administratifs.

Pour en savoir plus

- B. Plessix, *L'utilisation du droit civil dans l'élaboration du droit administratif* : éd. Panthéon-Assas 2003.
- C. Prebissy-Schnall, *La pénalisation du droit des marchés publics* : Coll. Bibliothèque de droit public, éd. LGDJ, t. 223.

Pour s'entraîner

Par une décision du 16 septembre 2013, le conseil municipal de la ville de A. a attribué à la société B. le marché de mise aux normes de l'usine d'incinération des ordures ménagères. Suite à des investigations menées par un juge d'instruction, il s'avère que cette société aurait fait un « don » au parti politique dont est membre le maire de la ville. En outre, les agents du service de la commande publique de cette même commune ont reçu, de cette même société, des friandises à l'occasion des fêtes de fin d'année. Qu'en pensez-vous ?

Corrigé

Concernant, en premier lieu, le « don » au parti politique, il s'agit vraisemblablement d'un trafic d'influence. Quant aux cadeaux de fin d'année, ils représentent une pratique admise qui n'est pas constitutive du délit de corruption, à la condition qu'ils demeurent raisonnables. Il s'agit de ce que l'on nomme une corruption « sympathique »...

Les contrats administratifs par détermination de la loi

Fiche 5

I. Les contrats relatifs à l'exécution de travaux publics

II. Les contrats domaniaux

III. Les marchés publics

IV. Les contrats de partenariat

Définitions

Travail public : travail immobilier exécuté soit pour le compte d'une personne publique dans un but d'intérêt général, soit réalisé par une personne publique, pour le compte d'une personne privée, en vue d'un service public.

Domaine public : bien appartenant à une personne publique, affecté à l'usage direct du public ou à un service public pourvu qu'en ce cas il fasse l'objet d'un aménagement indispensable à l'exécution des missions de ce service public.

Bail emphytéotique : contrat de longue durée conférant à l'occupant un droit réel.

Contrat de partenariat : contrat comportant une mission globale ayant pour objet la construction ou la transformation, l'entretien, la maintenance, l'exploitation ou la gestion d'ouvrages, d'équipements ou de biens immatériels nécessaires au service public.

La qualification d'un contrat est un enjeu d'importance puisqu'elle conduit à déterminer le juge compétent, ainsi que le régime juridique auquel seront soumises les parties. Généralement, cette qualification découle de l'application de critères jurisprudentiels, lesquels sont toutefois par nature subsidiaires. Certains textes, en effet, ont été adoptés pour préciser la qualification d'un contrat conclu par l'administration.

Ces textes s'attachent parfois à qualifier de droit privé certains contrats conclus par l'administration. C'est le cas notamment pour les contrats emplois-jeunes (C. trav., art. L. 5134-9) ou les contrats d'accompagnement (C. trav., art. L. 5134-24).

Plus couramment, lorsque le législateur intervient, c'est pour qualifier d'administratif un contrat. À ce titre, deux remarques préalables doivent être formulées.

D'une part, seul le législateur peut qualifier un contrat de droit public ou de droit privé (T. confl., 2 mars 1970, Sté Duvoir : Rec. CE 1970, p. 885, concl. G. Braibant).

D'autre part, le législateur, s'il peut préciser qu'un contrat est administratif, peut aussi se contenter d'indiquer que les éventuels litiges relatifs au contrat seront portés devant la juridiction administrative. Dans ce cas, la jurisprudence en déduit que lui sera aussi appliqué un régime généralement qualifié d'exorbitant du droit commun.

Rétive à toute systématisation, la présentation des contrats administratifs par détermination de la loi impose l'énumération. Pour cette raison seront envisagés les contrats relatifs à l'exécution de travaux publics (**I.**), les contrats domaniaux (**II.**), les marchés publics (**III.**) et les contrats de partenariat (**IV.**).

I. Les contrats relatifs à l'exécution de travaux publics

A. De la loi du 28 pluviôse an VIII à l'adoption du code général de la propriété des personnes publiques

Selon l'article 4 de la loi du 28 pluviôse an VIII, les conseils de préfecture, puis les tribunaux administratifs étaient compétents « sur les difficultés qui pourraient s'élever entre les entrepreneurs de travaux publics et l'Administration concernant le sens ou l'exécution des clauses de leurs marchés ».

La jurisprudence a fourni une interprétation assez extensive de ce texte.

D'abord, un contrat portant sur l'exécution de travaux publics est administratif même si les parties se sont référées aux règles de droit privé (CE, 17 oct. 1986, n° 47548, Ent. industr. et fin. : Dr. adm. 1986, comm. 658).

Ensuite, même un contrat conclu entre personnes privées relèvera de la compétence de la juridiction administrative s'il porte sur l'exécution de travaux publics (Cass. 1re civ., 6 oct. 2010, n° 09-15.448 : Contrats-Marchés publ. 2010, comm. 402), confirmant ainsi le caractère attractif de la notion de travaux publics.

B. Depuis l'adoption du code général de la propriété des personnes publiques

La ratification (L. n° 2009-526, 12 mai 2009, art. 138-I-18° : *Journal officiel* 13 mai 2009) de l'ordonnance n° 2006-460 du 21 avril 2006 portant code général de la propriété des personnes publiques a eu pour effet d'abroger l'article 4 de la loi du 28 pluviôse an VIII.

Par conséquent, la compétence du juge administratif qui a été maintenue pour les contrats relatifs à l'exécution des travaux publics (CE, 13 nov. 2009, Assoc. agréée de pêche et de protection du milieu aquatique « La sauvegarde de la Moine» : AJDA 2009, p. 2141 – T. confl., 12 avr. 2010, ERDF c/ Michel : AJDA 2010, p. 1642, chron. S.-J. Liéber et D. Botteghi) trouve dorénavant son fondement dans un principe jurisprudentiel.

Concernant les contrats conclus avant l'abrogation de l'article 4 de la loi du 28 pluviôse an VIII, ils demeurent administratifs par détermination de la loi, la nature d'un contrat s'appréciant à la date de sa conclusion (T. confl., 16 oct. 2006, Caisse centrale réassurance c/ Mutuelle des architectes français : AJDA 2006, p. 2382, chron. C. Landais et F. Lenica).

II. Les contrats domaniaux

A. Les contrats portant occupation du domaine public

De longue date, des textes sont intervenus pour qualifier d'administratifs les contrats portant occupation du domaine public.

Le décret-loi du 17 juin 1938, puis l'article L. 84 du Code du domaine de l'État conféraient au juge administratif la compétence pour connaître de ces contrats.

Actuellement, les dispositions de l'article L. 2331-1 du Code général de la propriété des personnes publiques prévoient que sont portés devant la juridiction administrative les litiges relatifs aux autorisations ou contrats comportant occupation du domaine public, quelle que soient leur forme ou leur dénomination, accordées ou conclus par les personnes publiques ou leurs concessionnaires.

Il s'ensuit que seuls sont concernés les contrats emportant occupation du domaine public, que la dépendance en cause soit affectée à l'usage du public ou à un service public pourvu qu'en ce cas elle fasse l'objet d'un aménagement indispensable (CGPPP, art. L. 2111-1).

Conférant à ce principe la plus large portée, la compétence du juge administratif demeure alors même que le contrat initial a pris fin (T. confl., 24 sept. 2001, Sté B.E. Diffusion c/ RATP : CJEG 2002, p. 217, note P. Yolka).

Évidemment, l'« administrativité » de ces contrats s'arrête à la domanialité privée. Concernant les contrats portant sur l'occupation du domaine privé, leur nature juridique dépendra de la réalisation des critères jurisprudentiels du contrat administratif.

Plus subtilement mais tout aussi logiquement, la jurisprudence considère que relève du juge judiciaire le litige relatif à l'exécution d'une convention de crédit-bail immobilier en ce qu'elle ne comporte pas par elle-même occupation du domaine public (T. confl., 21 mars 2005, Sté Slibail Énergie : Rec. CE 2005, p. 653; AJDA 2005, p. 1186, note J.-D. Dreyfus).

Cas particulier

L'article L. 2331-1 du Code général de la propriété des personnes publiques vise les contrats comportant occupation du domaine public conclus par les personnes publiques ou « leurs concessionnaires ».

La jurisprudence a précisé qu'il s'agissait uniquement des concessionnaires de service public (T. confl., 12 déc. 2005, Assoc. sportive karting semurois : Rec. CE 2005, p. 668 ; AJDA 2006, p. 4), à l'exclusion des simples concessionnaires de voirie (T. confl., 12 déc. 2005, Degroote c/ Sté Vert Marine : Rec. CE 2005, p. 669).

B. Les ventes domaniales de l'État

L'article L. 3331-1 du code général de la propriété des personnes publiques dispose que « sont portés devant la juridiction administrative les litiges relatifs aux cessions des biens immobiliers de l'État ».

L'apparence très anecdotique de ce texte trouve son explication dans son origine : il s'agit de la reprise de l'article 4 de la loi du 28 pluviôse an VIII que Bonaparte avait voulu pour que la juridiction judiciaire n'ait pas à connaître du contentieux des ventes des biens confisqués au clergé et aux émigrés pendant la Révolution, la juridiction administrative étant réputée plus favorable à l'État (J.-J. Bienvenu, D'un droit à l'autre. Sur le contentieux des biens nationaux : Mélanges Roland Drago, Économica, 1996, p. 193).

Il convient de préciser que ne sont concernés par ce texte que les biens immobiliers (CE, sect., 7 mai 1954, min. Fin. : Rec. CE 1954, p. 257) et appartenant à l'État (T. confl., 20 juill. 1889, Jumel de Noireterre : Rec. CE 1889, p. 882), à l'exclusion donc des biens des collectivités territoriales.

Une dernière précision : la compétence du juge administratif englobe aussi bien des opérations préalables à la vente (l'adjudication, par exemple : CE, 22 juin 1962, Varsa : Rec. CE 1962, p. 417) que les contentieux résultant du refus de vente (CE, 15 févr. 1989, Vandal : Rec. CE 1989, p. 56 ; LPA 13 juin 1990, p. 17, note F. Llorens).

C. Les baux emphytéotiques administratifs

La loi n° 88-13 du 5 janvier 1988 d'amélioration de la décentralisation a ouvert aux collectivités territoriales la possibilité de conclure des baux emphytéotiques. Il s'agit de contrats autorisant une occupation de longue durée du domaine public ou privé et conférant à l'occupant un droit réel.

Le code général des collectivités territoriales, concernant le bail emphytéotique administratif a précisé en son l'article L. 1311-3 que « les litiges relatifs à ces baux sont de la compétence des tribunaux administratifs », ce qui est redondant concernant les baux conclus sur le domaine public et inédit concernant les baux conclus sur le domaine privé.

III. Les marchés publics

Pendant longtemps, la nature des marchés publics fut essentiellement déterminée par l'application de critères jurisprudentiels.

Dans le silence de la loi et étant donné le nombre considérable de marchés conclus chaque année par les personnes publiques, l'on avait envisagé que la soumission au code des marchés publics aurait pour effet de conférer une nature administrative à un marché, eu égard aux règles exorbitantes contenues dans ce code. Une telle approche aurait eu pour effet d'unifier le contentieux. Toutefois, la Cour de cassation (Cass. 1re civ., 17 déc. 1996, Sté Locunivers : Dr. adm. 1997, comm. 122, note L. Richer), le Tribunal des conflits (T. confl., 5 juill. 1999, Cne Sauve c/ Sté Gestetner : Rec. CE 1999, p. 464) et le Conseil État (CE, 8 nov. 2000, Cne Baie-Mahault, Sté Rhoddlams : BJCP 2001, n° 15, p. 169) ont écarté cette solution.

Heureusement, le législateur est intervenu avec la loi *portant mesures urgentes de caractère économique et financier* (dite loi MURCEF) du 11 décembre 2001.

En vertu de son article, « Les marchés passés en application du Code des marchés publics ont le caractère de contrats administratifs. Toutefois, le juge judiciaire demeure compétent pour connaître des litiges qui relevaient de sa compétence et qui ont été portés devant lui avant la date d'entrée en vigueur de la présente loi ».

Cette réforme législative a eu pour effet d'accroître le nombre de contrats administratifs par détermination de la loi et de préciser, notamment, le sort des marchés d'assurance qui ont donné lieu à un important contentieux (T. confl., 22 mai 2006, OPHLM de Montrouge c/ SMACL : Rec. CE 2006, p. 629; BJCP déc. 2006, n° 49, p. 477).

Cas particuliers

Les marchés publics qui ne sont pas soumis au code des marchés publics ne seront qualifiés d'administratifs qu'en application des critères jurisprudentiels (CE, 7 mars 2005, Sté Seco-Rail : Contrats-Marchés publ. 2005, comm. 146, note F. Llorens).

Lorsque des parties décident de se soumettre volontairement au code des marchés publics, ils placent également leurs relations contractuelles hors du champ de la loi MURCEF. Le contrat conclu ne sera administratif qu'en application des critères jurisprudentiels (CE, sect., avis, 29 juill. 2002, Sté Maj Blanchisseries Pantin : Rec. CE 2002, p. 297).

IV. Les contrats de partenariat

Les contrats de partenariat ont pour objet de confier à un tiers, pour une période déterminée, en fonction de la durée d'amortissement des investissements ou des modalités de financement retenues, une mission globale ayant pour objet le financement, la construction ou la transformation, l'entretien, la maintenance, l'exploitation ou la gestion d'ouvrages, d'équipements ou de biens immatériels nécessaires au service public.

L'article 1er de l'ordonnance n° 2004-559 du 17 juin 2004 et l'article L. 1414-1 du Code général des collectivités territoriales tels que modifiés par la loi n° 2008-735 du 28 juillet 2008 qualifient explicitement les contrats de partenariat de contrats administratifs. Leur contentieux relèvera donc du juge administratif qui leur appliquera le régime des contrats administratifs.

À retenir

- L'enjeu de la qualification est double : déterminer le juge compétent et le droit applicable.
- La qualification législative d'un contrat prime sur les critères jurisprudentiels qui n'ont qu'un rôle subsidiaire.
- Du fait de l'« administrativisation » des marchés publics, l'importance des contrats administratifs par détermination de la loi a fortement progressé.

Pour en savoir plus

- F. Brenet, *La théorie du contrat administratif, évolutions récentes*, AJDA 2003, p. 919.

Pour s'entraîner

Monsieur A. a été victime d'un accident de la circulation sur le territoire de la Commune de B., le 14 mars 2009. Il considère que son accident trouve sa source dans la position anormale d'une plaque d'égout qui n'était pas signalée. Il envisage donc d'actionner l'assureur de la Commune en vertu de l'article L.124-3 du Code des assurances qui dispose que « le tiers lésé dispose d'un droit d'action directe à l'encontre de l'assureur garantissant la responsabilité civile de la personne responsable ». Devant quelle juridiction doit-il porter son action ?

Corrigé

En vertu de la jurisprudence combinée du Conseil d'État et du Tribunal des Conflits, la compétence de la Juridiction administrative, pour connaître de l'action directe ouverte à la victime d'un dommage, est retenue lorsque le contrat d'assurance présente le caractère d'un contrat administratif (CE, 15 mai 2013, n°357810) et que le litige n'a pas été porté devant une juridiction judiciaire avant la date d'entrée en vigueur de la loi du 11 décembre 2001 MURCEF (CE, 31 mars 2010, n° 333627).

En l'espèce, Monsieur A. devra saisir la juridiction administrative, le contrat d'assurance étant un marché public et donc un contrat administratif, à la condition toutefois que ce contrat ait été signé après l'adoption de la loi MURCEF. Dans le cas contraire, il conviendra d'appliquer à ce contrat les critères jurisprudentiels de qualification.

Le critère organique

Fiche **6**

Définition

Mandat : contrat par lequel une personne (mandant) donne à une autre (mandataire) le pouvoir de faire quelque chose et en son nom.

En l'absence de texte précisant la nature d'un contrat (administratif ou de droit privé), la jurisprudence a précisé qu'un contrat administratif devait répondre à un critère organique (une personne publique partie au contrat) et des critères matériels (participation au service public ou présence d'une clause exorbitante). Au titre du critère organique, il convient donc d'aborder trois situations : les contrats conclus avec une personne publique (**I.**), les contrats conclus entre personnes privées (**II.**) et les contrats conclus entre personnes publiques (**III.**).

I. Les contrats conclus avec une personne publique

La jurisprudence exige qu'un contrat administratif soit au moins conclu par une personne publique.

Contrairement aux actes administratifs unilatéraux qui peuvent être adoptés par une personne privée (CE, sect., 13 janv. 1961, Magnier : Rec. CE 1961, p. 32 ; RD publ. 1961, p. 155, concl. J. Fournier), un contrat entre personnes privées sera de droit privé. La jurisprudence est, à ce titre, constante (Par ex. T. confl., 14 févr. 2000, Épx Pellizzari c/ Caisse régionale Crédit agricole : RFD adm. 2000, p. 1137, « *Considérant que la Caisse régionale du Crédit agricole* [...] *est une personne de droit privé ; que, par suite, les conventions de crédit de prêt qu'elle conclut pour son compte avec des personnes privées ont toujours le caractère de contrats de droit privé* »).

Ce principe vaut également pour les personnes privées qui ne seraient pas tout à fait étrangères à l'administration. Ainsi, sera quand même un contrat de droit privé, le contrat conclu entre une personne privée et un concessionnaire de service public (CE, 29 oct. 1956, Pottier : Rec. CE 1956, p. 395 – T. confl., 17 déc. 2001, Sté Rue impériale Lyon c/ Sté Lyon Parc Auto : BJCP 2002, n° 20, p. 127, concl. G. Bachelier).

En outre, il importe peu que le critère matériel soit rempli (v. *infra* Fiches n° 7 et 8) si le contrat n'est pas conclu par, au moins, une personne publique. Bien que poursuivant une finalité d'intérêt général (T. confl., 3 mars 1969, Sté Interlait : Rec. CE 1969, p. 682; AJDA 1969, p. 307, concl. J. Kahn et note A. de Laubadère), ou contenant une clause exorbitante (T. confl., 17 déc. 2001, n° 3262, Sté Rue Impériale de Lyon : Contrats-Marchés publ. 2002, comm. 54, note P. Soler-Couteaux), un contrat ne pourra être administratif dans ce cas.

Une solution différente (à savoir l'abandon du critère organique au profit du seul critère matériel) serait, prétend-on, « radicalement contraire à l'objectif de simplification qui doit, dans un souci de bonne administration de la justice, guider dans toute la mesure du possible la répartition des compétences entre les ordres de juridiction » (G. Braibant, concl. sur CE, 13 déc. 1963, Synd. praticiens art dentaire Dpt Nord).

Enfin, deux observations terminales doivent être faites.

D'une part, le critère organique n'a qu'une simple valeur législative (T. confl., 26 juin 1989, SA Cie gén. d'entr. de chauffage c/ CAF de la région parisienne : Dr. adm. 1989, comm. 439; D. 1990, somm. p. 191, obs. X. Prétot).

D'autre part, pour des raisons de sécurité juridique, lorsqu'un contrat a été conclu par une personne privée et une personne publique, et que cette dernière est transformée en personne privée (il s'agit généralement de la transformation d'un établissement public industriel et commercial en société anonyme), le contrat demeure un contrat administratif (T. confl., 16 oct. 2006, Caisse centrale réassurance : BJCP 2006, n° 49, p. 419, concl. J.-H. Stahl).

II. Les contrats conclus par des personnes privées

Il résulte des développements précédents que les contrats conclus entre personnes privées ne peuvent être des contrats administratifs. Pourtant, ce principe connaît de nombreuses exceptions.

A. En premier lieu, certains textes qualifient de contrat administratif des contrats conclus entre personnes privées

Ainsi, reprenant le principe établi par l'article 1er du décret-loi du 17 juin 1938, les dispositions de l'article L. 2331-1 du code général de la propriété des personnes publiques prévoient que le juge administratif est compétent pour connaître des autorisations ou contrats comportant occupation du domaine public, quelle que soit leur forme ou leur dénomination, accordées ou conclus par les personnes publiques ou leurs concessionnaires qui sont généralement des personnes privées.

En outre, l'article 1er de l'ordonnance n° 2009-864 du 15 juillet 2009 relative aux contrats de concession de travaux publics qualifie les concessions de travaux de contrats administratifs, alors même qu'elles peuvent être conclues entre deux personnes privées.

B. En deuxième lieu, la jurisprudence a également dérogé au critère organique

Le Tribunal des conflits a ainsi admis que les marchés passés par les sociétés d'économie mixtes concessionnaires de la construction d'autoroutes avec des entreprises privées étaient des contrats administratifs (T. confl., 8 juill. 1963, Sté Entreprise Peyrot : Rec. CE 1963, p. 787). Cette exception s'explique par la nature de travaux dont la réalisation revient normalement et directement à l'État. En effet, selon le Tribunal des conflits, « la construction des routes nationales a le caractère de travaux publics et appartient par nature à l'État ; qu'elle est traditionnellement exécutée en régie directe ; que, par suite, les marchés passés par le maître de l'ouvrage pour cette exécution sont soumis aux règles de droit public ». Le Conseil d'État, dans une décision récente, a confirmé cette exception jurisprudentielle (CE, 23 déc. 2011, n° 340348, sté des autoroutes Paris-Rhin-Rhône).

Une autre exception jurisprudentielle est justifiée par une situation de transparence. En effet, lorsqu'une personne privée, et en particulier une association, dissimule une personne publique, les contrats que celle-ci conclura seront considérés comme des contrats administratifs (CE, 21 mars 2007, Cne Boulogne-Billancourt : Contrats-Marchés publ. 2007, comm. 137, note G. Eckert ; CP-ACCP 2007, n° 68, p. 58, note F. Brenet). À cette fin, le juge prendra en considération de nombreux éléments pour déterminer si la personne de droit privé n'est pas l'émanation d'une personne publique et, notamment, les conditions de la création de cette personne morale de droit privé (Est-ce l'administration qui a pris l'initiative de sa création ?), les modalités de son organisation et de son fonctionnement (Quels sont les pouvoirs des représentants de la personne publique au sein de cette personne privée ?) et ses ressources (Ses ressources sont-elles assurées par une personne privée ?).

C. Enfin, une dernière situation doit être envisagée : le mandat

Le mandat, que l'article 1984 du Code civil définit comme « l'acte par lequel une personne donne à une autre le pouvoir de faire quelque chose pour le mandant et en son nom », est fréquemment utilisé par l'administration, notamment dans les opérations de construction. Selon la jurisprudence, la conclusion par une personne privée d'un contrat avec une autre personne privée n'exclura pas la qualification de contrat administratif si celle-ci a agi en tant que mandataire d'une personne publique (T. confl., 9 juill. 2012, n° 3834, Cie générale des eaux c/ min. Écologie et Développement durable : Contrats-Marchés publ. 2012, comm. 268). Cette solution est logique puisque le mandataire n'est pas partie au contrat. Dès lors, le contrat est bien conclu par une personne publique. L'existence d'un mandat n'est donc pas une réelle exception au critère organique.

Il convient d'ajouter que la jurisprudence reconnaît difficilement l'existence d'un mandat. Ainsi, les conventions d'aménagement qui ont pour objet de confier à un aménageur, après acquisition des terrains, d'une part, la réalisation d'infrastructures et d'équipements publics remis dès leur achèvement à une personne publique, et d'autre part, la réalisation de bâtiments à usage d'habitation et autres équipements à usage privé destinés, notamment à la vente, n'ont pas le caractère d'un mandat donné par une personne publique à l'aménageur pour intervenir en son nom. Par conséquent, les contrats conclus par l'aménageur seront des contrats de droit privé (CE, 11 mars 2011, n° 330722, Communauté d'agglomération du Grand Toulouse : RJEP 2011, étude 4, obs. F. Llorens).

III. Les contrats conclus entre personnes publiques

Ce n'est somme toute qu'assez récemment, du fait de la décentralisation, que la jurisprudence a été confrontée aux contrats entre personnes publiques et si, d'aventure, le juge était confronté à un tel contrat, il leur appliquait les critères classiques des contrats conclus entre une personne publique et une personne privée (T. confl., 4 juin 1910, Cie assurances le Soleil : Rec. CE 1910, p. 449).

Avec la banalisation du recours au contrat par les personnes publiques et entre les personnes publiques, la jurisprudence a établi, dans un souci de simplification, une présomption d'administrativité, qui peut toutefois être renversée.

Le Tribunal des conflits a affirmé dans l'arrêt « Union des Assurances de Paris » du 21 mars 1983 qu'« un contrat conclu entre deux personnes publiques revêt en principe un caractère administratif, impliquant la compétence des juridictions administratives pour connaître des litiges portant sur les manquements aux obligations en découlant, sauf dans les cas où, eu égard à son objet, il ne fait naître entre les parties que des rapports de droit privé » (T. confl., 21 mars 1983, UAP : Rec. CE 1983, p. 537 ; AJDA 1983, p. 356, concl. D. Labetoulle).

Selon le commissaire du gouvernement D. Labetoulle (concl. : AJDA 1983, p. 356), de telles conventions doivent être présumées administratives parce qu'elles baignent naturellement dans une « ambiance de droit public », les contrats liant deux personnes publiques étant « normalement à la rencontre de deux gestions publiques ».

Pour autant, cette présomption peut être renversée. Il résulte de nombreuses décisions que le juge cherche souvent à conforter la présomption d'administrativité par l'objet du contrat qui porterait sur l'organisation d'un service public (CE, 24 nov. 2008, n° 290540, Synd. mixte d'assainissement de la région du Pic-Saint-Loup : AJDA 2009, p. 319, note J.-D. Dreyfus) ou par la présence de clauses exorbitantes (T. confl., 15 nov. 1999, Cne Bourisp : Rec. CE 1999, p. 478).

Ainsi, même conclu entre personnes publiques, un contrat n'est pas un contrat administratif s'il ne remplit pas le critère matériel.

À retenir

- Un contrat administratif doit être conclu par au moins une personne publique.
- Le législateur et la jurisprudence ont établi que certains contrats, bien que conclus entre personnes privées, sont des contrats administratifs.
- Un contrat entre personnes publiques est, en principe, présumé administratif mais il ne s'agit que d'une présomption simple.

Pour en savoir plus

- Y. Brard, *Le mandat comme fondement des contrats administratifs entre personnes privées*, JCP G 1981, I, 3032.
- G. Clamour, *Ombre et lumières de l'ordonnance relative aux concessions de travaux publics* : Contrats-Marchés publ. 2009, étude 9.
- F. Lichère, *L'évolution du critère organique du contrat administratif*, RFD adm. 2002, p. 341.

Pour s'entraîner

Vous êtes saisi, au titre d'une consultation juridique, par le directeur d'une entreprise qui a conclu avec une association un contrat de construction et qui n'a pas été payé. Il souhaiterait savoir devant quel ordre de juridiction il doit porter son affaire. En effet, parce que siègent au sein du conseil d'administration de l'association des représentants de la municipalité, il se demande s'il ne s'agit pas d'une association transparente. Qu'en pensez-vous ?

Corrigé

En l'espèce, il n'est pas évident qu'il s'agisse d'une association transparente. D'une part, cette association ne paraît pas avoir été créée à l'initiative d'une personne publique. En outre, la circonstance que le conseil d'administration de cette association serait composé des représentants de différentes administrations n'est pas de nature à démontrer que son organisation et son fonctionnement seraient de facto contrôlés par une personne publique. Enfin, rien n'est établi concernant les ressources de cette association (sont-elles constituées en tout ou en partie par des ressources publiques ?). Par conséquent, l'on peut douter de la transparence de cette association et du caractère administratif des contrats qu'elle a conclu. Il conviendrait certainement de saisir le juge judiciaire.

Le critère matériel (1) : l'exorbitance

Fiche **7**

Définitions

Clause exorbitante : clause exclue ou impossible dans les relations de droit privé.

Régime exorbitant : ensemble des règles législatives et/ou réglementaires qui s'appliquent à un contrat et distinctes du droit privé.

Le fait qu'une personne publique soit partie à un contrat ne suffit pas pour lui conférer une nature administrative. Encore faut-il qu'un critère matériel soit rempli.

Ce critère matériel est rempli lorsque le contrat fait participer le cocontractant de l'administration à l'exécution du service public (dans des conditions que l'on précisera plus loin – v. *infra* **Fiche n° 8**) lorsqu'il contient une clause exorbitante (**I.**) ou qu'il est soumis à un régime exorbitant (**II.**).

I. La clause exorbitante

Après avoir envisagé la notion de clause exorbitante (**A.**), la portée de ce critère sera esquissée (**B.**).

A. La notion de clause exorbitante

C'est avec l'arrêt « Société des granits porphyroïdes des Vosges » du 31 juillet 1912 (CE, 31 juill. 1912 : Rec. CE 1912, p. 909, concl. L. Blum ; DP 1916, 3, p. 35, concl. L. Blum ; RD publ. 1914, p. 145, note G. Jèze ; S. 1917, 3, p. 15, concl. L. Blum) que le Conseil d'État a admis qu'un contrat était administratif en raison de « sa forme et [de]sa contexture… », pour reprendre les termes du Commissaire du gouvernement Léon Blum. En l'espèce, la Haute juridiction administrative affirmait que « le marché passé entre la ville [de Lille] et la société [Les Granits porphyroïdes des Vosges] était exclusif de tous travaux à exécuter par la société et avait pour objet unique des fournitures à livrer selon les règles et conditions des contrats intervenus entre particuliers ».

Depuis cet arrêt, l'on peut distinguer en jurisprudence, au moins, deux grandes catégories de clauses exorbitantes.

1. D'abord, constituent des clauses exorbitantes celles qui seraient exclues dans les relations de droit privé

Il s'agirait des clauses illicites en droit privé et légales en droit administratif. Évidemment, « le principe de la liberté contractuelle est entendu en droit privé de façon si large que [...] la plupart des clauses caractéristiques des contrats administratifs ne sont pas déclarées illicites dans un contrat civil ou commercial » (G. Vedel, *Remarques sur la notion de clause exorbitante*, in *Mélanges Mestre* : Sirey, 1956, p. 527 et spéc. p. 548).

Il s'agit, surtout, de clauses simplement inusuelles, comme la clause prévoyant un contrôle très poussé de l'administration sur son cocontractant (T. confl., 7 juill. 1980, Sté d'exploitation touristique de Hte-Maurienne : Rec. CE 1980, p. 509 ; Cass. 3e civ., 9 mars 2005, n° 03-19.385, Conseil général de la Haute-Loire : Bull. civ. 2005, III, n° 61, p. 55), ou la clause conférant à l'administration le droit de se voir communiquer des documents comptables et d'avoir à rembourser un prêt sans nécessité d'aucune formalité préalable (T. confl., 22 juin 1998, Agent judiciaire du Trésor c/ Miglierina : Rec. CE 1998, tables, p. 794), lesquelles contreviennent aux rapports en principe équilibrés entre les parties de droit privé.

2. Ensuite, constituent des clauses exorbitantes celles qu'il serait impossible d'insérer dans un contrat de droit privé

Par exemple, une clause prévoyant le recouvrement des créances contractuelles par le procédé de l'état exécutoire (T. confl., 27 juill. 1950, Peulaboeuf : Rec. CE 1950, p. 668), une clause octroyant une exonération fiscale (T. confl., 2 juill. 1962, Cts Cazautets c/ Ville Limoges : Rec. CE 1962, p. 823), une clause autorisant l'administration à agir d'office pour le règlement des litiges (CE, 16 avr. 1969, SNCF : Rec. CE 1969, p. 194), ou une clause mettant à la charge du cocontractant une indemnité forfaitaire en contrepartie de sujétions de sécurité et de police (CE, 19 févr. 1988, SARL Pore Gestion : JurisData n° 1988-605127 ; Rec. CE 1988, p. 77. – Cass. 1re civ., 7 mars 2000, Sté du Pont-Neuf : Dr. adm. 2000, comm. 151). Dans tous les cas, ces clauses ne pourraient être insérées dans un contrat de droit privé parce qu'elles se rattachent à la mise en œuvre d'une prérogative de puissance publique dont les personnes privées ne disposent pas.

B. La portée du critère de la clause exorbitante

Concernant la portée du critère de la clause exorbitante, les observations suivantes doivent être faites :

- en premier lieu, ce critère ne suffit pas à lui seul à conférer à un contrat une nature administrative puisqu'il doit être cumulé avec le critère organique (v. *supra* **Fiche n° 6**).

Par ailleurs, le critère de la clause exorbitante est un critère alternatif à celui du service public. Il n'y a donc aucune hiérarchie entre ces deux critères (T. confl., 7 juill. 1980, Sté exploitation touristique Haute-Maurienne : Rec. CE 1980, p. 509; AJDA 1981, p. 48, note A. de Laubadère);

- en deuxième lieu, le critère de la clause exorbitante ne concerne pas les contrats qui sont l'objet d'une qualification textuelle (v. *supra* **Fiche n° 5**).

  D'ailleurs, l'« administrativisation » des marchés publics par la loi MURCEF du 11 décembre 2001 (v. *supra* **Fiche n° 5**) a eu pour effet de rendre plus exceptionnel le recours au critère de la clause exorbitante qui jouait principalement en matière de marché public.

  Dans le même sens, la reconnaissance d'un bloc de compétence par le juge administratif, tels les contrats d'agents publics conclus avec un service public à caractère administratif qui relèvent toujours de la compétence du juge administratif (T. confl., 25 mars 1996, Berkani c/ CROUS Lyon-Saint-Etienne : Rec. CE 1996, p. 535, concl. P. Martin), rend inopérant ce critère dans cette hypoyhèse;

- en troisième lieu, il résulterait de ce critère que les parties auraient la faculté, en incluant une clause exorbitante ou, au contraire, en excluant de leurs relations contractuelles toute clause exorbitante, de choisir le régime de leur contrat.

  Toutefois, il y a lieu de relativiser le fondement subjectif de ce critère. En effet, il n'est pas toujours évident que les parties aient conscience, en consentant telle ou telle clause, de placer leurs relations contractuelles sous un régime de droit public.

  Le critère de la clause exorbitante reposerait plutôt sur un fondement objectif, le juge recherchant si telle ou telle clause serait ou non imposée par « les nécessités d'intérêt général » (C. Charlery, *Réflexion sur la notion de clause exorbitante de droit commun*, LPA 6 avr. 1998, p. 8);

- enfin, en raison de la liberté contractuelle dont bénéficient les personnes privées et du développement, dans les contrats de droit privé, de pouvoirs de décision unilatérale (modification, résiliation...), les clauses qui, hier, aux yeux du juge pouvaient paraître illicites ou impossibles dans les relations de droit privé, sont devenues aujourd'hui courantes. Ainsi, il a été jugé que ne présentait pas le caractère d'une clause exorbitante du droit commun celle prévoyant la possibilité de résilier librement, sans indemnité, une convention d'occupation du domaine privé (T. confl., 20 févr. 2008, n° 3623, Verrière c/ Communauté urbaine de Lyon : JCP A 2008, 2117, note Ph. Yolka; Dr. adm. 2008, comm. 64, note F. Melleray; AJDA 2008, p. 436).

II. Le régime exorbitant

Le critère du régime exorbitant, s'il se rapproche du critère de la clause exorbitant en ce qu'il implique une comparaison avec les règles du droit privé, s'en distingue cependant pour la raison que le juge déterminera la qualification d'un contrat, non en raison de son contenu voulu par les parties, mais en fonction des règles législatives et réglementaires qui s'imposent à elles.

Ce critère de qualification a été utilisé implicitement par la jurisprudence dans des espèces anciennes (par exemple les contrats de ravitaillement en temps de guerre - CE, 29 mai 1925, Décatoire : Rec. CE 1925, p. 534 – ou d'engagements militaires - CE, 29 janv. 1947, Michaux : RD publ. 1948, p. 82, concl. Theiss) jusqu'à l'arrêt « Société d'exploitation électrique de la rivière du Sant » du 19 janvier 1973 (CE, sect., 19 janv. 1973 : Rec. CE 1973, p. 48 ; CJEG 1973, p. 239, concl. M. Rougevin-Bavile) qui lui a offert une éclatante consécration.

Toutefois, même après ce dernier arrêt, la jurisprudence s'est montré très réticente à reconnaître l'administrativité d'un contrat en raison de son régime exorbitant. À titre d'exemple, et ce alors même que le code des marchés publics contient de nombreuses règles exorbitantes (notamment en matière de modification ou de paiement), le Tribunal des conflits avait considéré que la soumission au code ne pouvait conférer à la convention, de ce seul fait, le caractère de contrat administratif (T. confl., 5 juill. 1999, Cne Sauve c/ Sté Gestetner : AJDA 1999, p. 554, chron. F. Raynaud et P. Fombeur).

La raison de cette réticence tient à une difficulté logique : déterminer la nature d'un contrat au moment de sa formation en fonction de règles d'exécution. Le juge n'utilise donc qu'avec parcimonie ce critère, préférant s'en tenir à celui de la clause exorbitante ou du service public.

À retenir

- Il suffit qu'un contrat entre une personne privée et une personne publique contienne une clause exorbitante pour qu'il soit administratif.
- La portée du critère de la clause exorbitante est limitée essentiellement en raison de la difficulté, voire de l'impossibilité, de définir la notion de clause exorbitante.
- La jurisprudence est réticente à se fonder sur le critère du régime exorbitant lequel l'oblige à déterminer la nature d'un contrat au moment de sa formation en fonction de règles d'exécution.

Pour en savoir plus

- N. Dantonel-Cor, *Le critère de la clause exorbitante. Un janus à deux visages*, JCP A 2008, 2047.
- M. Garrigue-Vieuville, *Que reste-t-il de la jurisprudence Société d'exploitation électrique de la rivière du Sant ?*, Dr. adm. 2009, étude 5.

Pour s'entraîner

La clause exorbitante est-elle un critère déterminant du contrat administratif ?

Corrigé

Si la jurisprudence administrative, dans l'arrêt « Société des Granits Porphyroïdes des Vosges » a reconnu qu'une clause exorbitante révélait la nature administrative d'un contrat, il n'en demeure pas moins qu'il ne s'agit pas d'un critère déterminant.

En premier lieu, la seule présence d'une clause exorbitante ne suffira pas à qualifier un contrat administratif puisqu'il est nécessaire qu'une personne publique soit partie au contrat (un contrat entre personnes privées est par principe un contrat de droit privé) et un contrat peut être administratif même en l'absence de clause exorbitante (soit parce qu'il participe à l'exécution du service public, soit parce qu'il fait l'objet d'une qualification textuelle).

En second lieu, la clause exorbitante est un critère indéfinissable qui échappe à toute tentative de systématisation et une clause peut être exorbitante même si on la rencontre dans des relations contractuelles de droit privé.

Le critère matériel (2) : le service public

Fiche 8

I. Le critère tiré de l'objet de service public

II. Les différents contrats administratifs en raison de leur objet de service public

Définitions

Service public : activité d'intérêt général exécutée par une personne publique ou sous le contrôle de celle-ci.

Service public administratif/Service public industriel et commercial : un service public est industriel et commercial si du point de vue de son objet, de l'origine de ses ressources et de ses modalités de fonctionnement, il peut être comparé à une entreprise privée. Dans le cas contraire, ce service est administratif.

La nature administrative d'un contrat auquel une personne publique est partie, en l'absence de qualification textuelle, dépend de la réalisation d'un critère matériel. Ce contrat sera administratif s'il contient une clause exorbitante ou s'il est soumis à un régime exorbitant (v. *supra* **Fiche n° 7**). En outre, de nombreux contrats ont un caractère administratif (**II.**) en raison de l'application d'un second critère matériel : l'objet de service public (**I.**).

I. Le critère tiré de l'objet de service public

Après avoir précisé les conditions de reconnaissance de l'objet de service public comme critère du contrat administratif (**A.**), il conviendra d'en mesurer la portée (**B.**).

A. La reconnaissance du critère de l'objet de service public

L'objet de service public est un critère ancien. Il a, en effet, été reconnu très tôt par la jurisprudence qui considérait, dans un premier temps, que tout contrat conclu en vue du service public était un contrat administratif (CE, 4 mars 1910, Thérond : Rec. CE 1910, p. 193, concl. Pichat). Or cette conception risquait de transférer au juge administratif tous les contrats conclus avec l'administration puisque tous ont, à un titre ou à un autre, en vue l'exécution de missions de service public. Il est alors apparu nécessaire d'adopter des critères réducteurs du contrat administratif.

C'est ce qui explique que le Conseil d'État ait rendu l'arrêt « Société des granits porphyroïdes des Vosges » du 31 juillet 1912 (CE, 31 juill. 1912 : Rec. CE 1912, p. 909, concl. L. Blum), faisant pendant plusieurs décennies du critère de la clause exorbitante, le critère principal, le juge ayant délaissé le critère du service public.

Ce n'est qu'en 1956, par deux arrêts « Époux Bertin » (CE, sect., 20 avr. 1956, Épx Bertin : Rec. CE 1956, p. 167 ; AJDA 1956, 2, p. 221, chron. J. Fournier et G. Braibant) et « Consorts Grimouard » (CE, sect., 20 avr. 1956, Min. Agr. c/ Cts Grimouard : AJDA 1956, 2, p. 187, concl. M. Long et p. 221, chron. J. Fournier et G. Braibant), que le Conseil d'État a réintroduit le critère du service public.

Toutefois le Conseil d'État a entendu limiter le nombre de contrats susceptibles de se voir reconnaître le caractère de contrat administratif en prenant en considération, non plus la finalité des opérations contractuelles, mais leur objet, ce qui est un critère plus restrictif.

B. La portée du critère de l'objet de service public

- En premier lieu, ce critère ne concerne pas les contrats qui sont l'objet soit d'une qualification textuelle, soit qui ne seraient conclus que par des personnes privées.
- En second lieu, l'utilité de ce critère est réduite par la création de blocs de compétences. Ainsi, le Tribunal des conflits a considéré, par exemple, que « les personnels non statutaires travaillant pour le compte d'un service public à caractère administratif sont des agents contractuels de droit public quel que soit leur emploi » (T. confl., 25 mars 1996, préfet Région Rhône-Alpes c/ Conseil des prud'hommes de Lyon, dit Berkani : Rec. CE 1996, p. 535, concl. P. Martin). Plus récemment, ont été qualifiés d'administratifs les contrats conclus par les caisses de crédit municipal avec leurs agents (T. confl., 22 sept. 2003, M. Thomas c/ Crédit municipal de Dijon : Rec. CE 2003, p. 576).

Dès lors, il n'est nullement besoin, pour ces contrats, de déterminer si l'agent exécute une mission de service public ou n'a en charge que des prestations accessoires, comme le faisait la jurisprudence antérieure (Trib. confl. 25 novembre 1963, Dame veuve Mazerand c/ Commune de Jonquières, Rec. p. 79), ce qui aboutissait à des situations complexes.

II. Les différents contrats administratifs en raison de leur objet de service public

Malgré la volonté de rationalisation du Conseil d'État en 1956, un grand nombre de contrats ont un caractère administratif en raison de leur objet et, en particulier, lorsque :

Le contrat confie au cocontractant l'exécution même du service public

Cette situation (l'exécution même du service public) était expressément prévue par l'arrêt « Époux Bertin » (CE, sect., 20 avr. 1956, préc.). Ainsi, est un contrat administratif le contrat qui confie au cocontractant de l'administration « l'exécution directe et immédiate d'une mission de service public » (T. confl., 6 nov. 1967, Cie Fabre et Sté gén. de transports maritimes : Rec. CE 1967, p. 657 ; JCP G 1968, II, 15495 bis, concl. Gégout).

Outre les délégations de service public (v. *infra* **Fiche n° 15**), constituent des contrats administratifs pour ce motif : une convention relative à la formation professionnelle (T. confl., 18 déc. 2000, n° 3234, préfet Essonne c/ TGI Évry, Sté DHT Pharma c/ Université Paris Sud : Contrats-Marchés publ. 2001, comm. 33, note P. Soler-Couteaux), ou encore le contrat de sponsoring entre une collectivité territoriale et un navigateur (T. confl., 22 janv. 2001, n° 01-03.238, Sté Multicom c/ Cons. rég. de Hte-Normandie : Rec. CE 2001, p. 734).

Le contrat constitue une modalité de l'exécution du service public

La jurisprudence a ainsi considéré qu'étaient administratives les conventions par lesquelles le Fonds d'orientation et de régularisation des marchés agricoles (FORMA), attribuait des subventions aux exportateurs de produits agricoles (T. confl., 24 juin 1968, Sté Distilleries bretonnes, Sté d'approvisionnements alimentaires : Rec. CE 1968, p. 801, concl. Gégout). Plus récemment, la jurisprudence a considéré qu'il en est de même du contrat passé par l'Office national interprofessionnel des céréales (ONIC) et une entreprise, dans le cadre de la mise en œuvre d'un programme européen d'aide alimentaire (T. confl., 28 sept. 1998, Sté des grands moulins italiens de Venise : Rec. CE 1998, p. 544 ; BJCP 1999, n° 3, p. 312 ; LPA 19 janv. 1999, n° 13, p. 20, note J. Michon).

Dans ce cas, si le contrat conclu entre une personne publique et une personne privée porte bien sur l'exécution du service public, c'est la personne publique qui en a la charge.

Le contrat entraîne une participation au service public

Ici, il n'y a aucune dévolution de la gestion du service public au cocontractant de l'administration, ce dernier ne fournissant que les moyens nécessaires au bon fonctionnement du service.

Sur le fondement de ce critère, ont été qualifiés de contrats administratifs, par exemple, les contrats ayant pour objet l'achat d'instruments dépolluants (CE, 16 déc. 1992, SA International Décor : Rec. CE 1992, p. 1101), ou encore des marchés de fournitures de logiciels (CAA Paris, 4 mars 2008, Sté JVS-Mairistem : Contrats-Marchés publ. 2008, comm. 114, obs. F. LLorens et P. Soler-Couteaux).

Notons que ce critère a joué longtemps en matière de marchés publics, et il est donc maintenant d'utilisation plus rare depuis que le législateur a qualifié les marchés publics soumis au code des marchés publics de contrat administratif (Loi 11 décembre 2001 MURCEF).

À retenir

- Lorsqu'une personne publique est partie à un contrat, ce contrat est administratif s'il a un objet de service public.
- Si le Conseil d'État a voulu rationaliser le critère de l'objet, il n'en demeure pas moins qu'un grand nombre de contrats sont administratifs en faisant participer les parties à l'exécution du service public.
- Le critère de l'objet ne joue qu'à la condition que le contrat ait été conclu par une personne publique, qu'aucun texte ne procède à sa qualification et qu'il échappe aux blocs de compétence établis par la jurisprudence.

Pour en savoir plus

- A. de Laubadère, *Les critères du contrat administratif sont-ils hiérarchisés ?*, AJDA 1981, p. 40.
- P. Amselek, *La qualification des contrats de l'Administration*, AJDA 1983, p. 3.
- F. Gartner, *Des rapports entre contrats administratifs et intérêt général*, RFD adm. 2006, p. 19.

Pour s'entraîner

Mme X. sollicite vos conseils après que l'université qui l'avait embauchée pour intégrer différents services administratifs ait refusé de lui verser une prime. Or Madame X. a signé avec cette université plusieurs contrats : elle a été, initialement, signataire de trois contrats emploi-solidarité, puis de contrats innomés et, enfin, d'un contrat emploi-jeune. Elle souhaiterait savoir devant quelle juridiction porter son litige.

Corrigé

La difficulté, en l'espèce, est que les contrats emploi-solidarité et emploi-jeune ont été qualifiés par le législateur de contrats de droit privé (anciens articles L. 322-4-7 et L. 322-4-18 du code du travail). Dans ces conditions et malgré la jurisprudence « Berkani », le Tribunal des conflits a dissocié le contentieux relatif à ces contrats et le contentieux relatif aux autres contrats (T. confl., 23 nov. 2009, n° 3733, « Mlle T. c/ Université de Valenciennes et du Hainaut-Cambrésis » : Dr. adm. 2010, comm. 43, note F. Brenet). Par conséquent, une action devra être engagée devant le juge judiciaire concernant les contrats de droit privé et une action devant le juge administratif pour les autres contrats car ils relèvent du bloc de compétence « Berkani ».

L'accord de volontés

Fiche 9

I. L'existence du consentement

II. Les vices du consentement

Définitions

Consentement : manifestation de volonté de chaque partie, ainsi que la rencontre de leurs volontés.

Erreur : représentation inexacte de la réalité par l'un des contractants.

Dol : tromperie d'un contractant sur un autre contractant pour le déterminer à contracter.

Violence : fait de menacer un contractant pour l'obliger à contracter.

Le contrat administratif n'obéit pas à une logique et à des principes toujours foncièrement différents de ceux du droit privé. En effet, un contrat administratif, avant d'être un acte de l'administration, est un (simple...) accord de volontés. Comme un contrat de droit privé, un contrat administratif ne sera valablement formé qu'à la condition que se soient manifestées et rencontrées au moins deux volontés (**I.**) et qu'à la condition que ce consentement ne soit pas vicié (**II.**). D'ailleurs, c'est au code civil que le juge administratif a emprunté les principales règles en la matière.

I. L'existence du consentement

A. L'aptitude à consentir

1. Le cocontractant privé de la personne publique doit évidemment satisfaire aux conditions de capacité fixées par les articles 1123 et suivants du code civil et, en cas de difficulté sérieuse, le juge administratif peut être amené à surseoir à statuer et à adresser une question préjudicielle à la juridiction judiciaire.

2. Concernant l'État, la compétence revient par principe aux ministres (CE, 7 mai 1955, min. Fin. : Rec. CE 1955, p. 257), même s'il est fréquent que des textes désignent telle ou telle autre autorité administrative.

3. Enfin, concernant les collectivités territoriales, les procédures sont plus complexes car elles font appel à un partage de compétences entre l'organe délibérant et l'organe exécutif.

Ainsi, la décision de contracter appartient à l'organe délibérant. Il s'ensuit qu'une convention conclue, sans délibération préalable, n'a pas « fait l'objet d'un accord valable entre les parties » (CE, 28 nov. 1957, Viard : AJDA 1958, p. 310). Le contrat est alors entaché d'une nullité d'ordre public qui pourra être soulevée par les parties, ainsi que par le juge (CE, 13 juill. 1961, Sté d'entreprises générales et de travaux publics pour la France et les colonies : Rec. CE 1961, p. 473).

Par contre, la décision de conclure le contrat appartient, elle, à l'exécutif.

Heureusement, certains assouplissements sont possibles.

D'une part, l'article L. 2122-22, 4° du code général des collectivités territoriales permet au conseil municipal de déléguer au maire, pour la durée de son mandat, la compétence pour « prendre toute décision concernant la préparation, la passation, l'exécution et le règlement **des marchés et des accords-cadres** ainsi que toute décision concernant leurs avenants, lorsque les crédits sont inscrits au budget ». Des dispositions identiques existent pour le département (CGCT, art. L. 3221-11) et la région (CGCT, art., L. 4231-8).

D'autre part, l'organe exécutif a aussi la faculté de déléguer sa compétence. En particulier, le maire est autorisé à confier à un ou plusieurs adjoints et, exceptionnellement, à des membres du conseil municipal le soin de signer le contrat (CGCT, art. L. 2122-18). Il en est de même pour les présidents du conseil général (CGCT, art. L. 3221-3) et du conseil régional (CGCT, art. L. 4231-3).

En tout état de cause, le projet voté par l'assemblée délibérante et le contrat signé par l'exécutif local ne doivent pas différer (CE, 8 avr. 1911, Cne Ousse-Suzan : S. 1913, 3, p. 49), sauf modification minime qui n'aurait pas d'incidence sur l'économie générale du contrat (CE, 30 oct. 1974, Cne Saint-Pierre-des-Bois c/ Gohin : Rec. CE 1974, p. 525).

B. La forme du contrat

1. En principe, les contrats administratifs ne sont pas des contrats solennels. Dès lors, leur validité n'est normalement pas subordonnée à la réalisation d'une quelconque formalité. Ainsi, la jurisprudence admet la validité des contrats tacites (CE, sect., 20 avr. 1956, Épx Bertin : Rec. CE 1956, p. 167), preuve du caractère consensualiste du droit des contrats administratifs.

Il n'en demeure pas moins que la difficulté est alors de prouver que les parties se sont bien entendues. Cette preuve résultera d'un faisceau d'indices (CE, 5 oct. 2005, n° 256362, Cne Maurepas : Contrats-Marchés publ. 2006, comm. 17, note G. Eckert). Évidemment, cette recherche relèvera de l'appréciation souveraine des juges du fond et elle n'est donc pas susceptible d'être remise en cause en cassation (CE, 29 déc. 1999, n° 188018, Sté FCA Méditerranée : BJCP 2000, n° 10, p. 218).

Afin d'éviter de devoir rapporter la preuve de l'existence d'un contrat, les contrats administratifs sont le plus souvent écrits.

Parfois, il s'agit d'une formalité obligatoire. Ainsi, les dispositions de l'article 11 du code des marchés publics prévoient que les marchés et accords-cadres d'un montant égal ou supérieur à 15 000 euros HT sont passés sous forme écrite.

2. Il convient d'ajouter que les textes peuvent imposer parfois la production de multiples documents et mentions obligatoires.

À titre d'exemple, pour les marchés passés selon une procédure formalisée, ceux-ci doivent comporter obligatoirement l'identification des parties contractantes, la justification de la qualité de la personne signataire au nom de l'État (et, le cas échéant, la délibération autorisant la signature du marché), la définition de l'objet du marché, la référence aux articles et alinéas du code des marchés publics en application desquels le marché est passé, l'énumération des pièces du marché (ces pièces sont présentées dans un ordre de priorité défini par les parties contractantes et, sauf cas d'erreur manifeste, cet ordre de priorité prévaut en cas de contradiction dans le contenu des pièces), le prix, la durée d'exécution, les conditions de réception, les conditions de règlement, notamment (art. 12 du code des marchés publics).

II. Les vices du consentement

A. L'erreur

Comme en droit privé et en vertu des dispositions de l'article 1101 du code civil, l'erreur est une cause de nullité du contrat administratif à deux conditions :

Premièrement, cette erreur doit être déterminante en ce qu'elle doit provoquer le consentement du contractant (CE, 28 déc. 1917, Belmont : Rec. CE 1917, p. 878).

Deuxièmement, cette erreur doit être excusable, ce qui limite très largement les cas dans lesquels l'erreur sera admise afin de ne pas affaiblir la force obligatoire des contrats. Ainsi, un professionnel ne peut invoquer, pour échapper au contrat, une erreur qu'il aurait été en mesure de déceler (CE, 30 mai 1980, n° 12016, Sté La piscine de la Dame Blanche : Rec. CE 1980, p. 257).

Sans présenter de différence notable avec le droit privé, l'erreur peut porter sur la chose (CE, 6 juin 1958, Ayssi : Rec. CE 1958, p. 323, concl. M. Long) ou sur les qualités substantielles de cette chose (CE, 13 oct. 1972, SA Banque – Crédit – Bourse du Nord : AJDA 1973, p. 213), ainsi que sur la personne du cocontractant (CE, 26 avr. 1950, Domergue : Rec. CE 1950, p. 813).

B. Le dol

Le dol constituera une cause de nullité du contrat administratif, en application de l'article 1116 du Code civil si, d'une part, est constaté l'intention de tromper (CE, 17 déc. 1999, n° 184366, Établ. publ. du parc de la Villette) et, d'autre part, l'existence de manœuvres dolosives (TA Paris, 21 avr. 1971, Ville Paris : AJDA 1972, p. 164, note P. Godfrin).

Pendant longtemps le juge administratif, s'inspirant de la jurisprudence judiciaire, a distingué entre le dol principal (sans lequel la victime n'aurait jamais conclu) et le dol incident (celui incitant la victime à conclure à des conditions moins avantageuses). Dans la première hypothèse, la nullité du contrat était constatée et, dans la seconde, le juge n'allouait que des dommages-intérêts (CE, 14 déc. 1923, Sté des Grands-Moulins de Corbeil : Rec. CE 1923, p. 852).

La jurisprudence a maintenant abandonné cette distinction (CE, 19 déc. 2007, n° 072854, Sté Campenon Bernard et a. : Contrats-Marchés publ. 2008, comm. 56, note G. Eckert). Désormais, en cas de dol principal ou de dol incident, la victime dispose d'une option entre solliciter la nullité du contrat et engager une action indemnitaire.

C. La violence

Exercer une contrainte pour amener une personne à contracter constitue naturellement une cause de nullité du contrat, en droit privé comme en droit administratif (CE, 4 mai 1900, Héritiers de Gouy : Rec. CE 1900, p. 319), à la condition qu'elle ait été déterminante (CE, 26 avr. 1901, Savournin : Rec. CE 1901, p. 405), et même si elle a été exercée par un tiers (CE, sect., 19 janv. 1945, Sté des aéroplanes G. Voisin : Rec. CE 1945, p. 19).

D. Le défaut d'information des élus

Les causes de nullité qui viennent d'être envisagées sont communes au droit privé et au droit administratif. Eu égard aux spécificités du droit administratif, et notamment du droit des collectivités territoriales, la jurisprudence a été amenée à dégager des règles spécifiques.

Dans un arrêt *Commune de Montélimar*, le Conseil d'État, après avoir rappelé qu'un maire ne pouvait valablement souscrire un marché au nom de sa commune sans y avoir été préalablement autorisé par une délibération du conseil municipal, a précisé que le conseil municipal devait, sauf à méconnaître l'étendue de sa compétence, se prononcer sur tous les éléments essentiels du contrat, au nombre desquels figurent notamment l'objet précis de celui-ci, tel qu'il ressort des pièces constitutives du marché, mais aussi son montant exact et l'identité de son attributaire (CE, 13 oct. 2004, Cne Montélimar : Rec. CE 2004, p. 369 ; BJCP, n° 38, p. 42, concl. D. Casas, note B. Massiou).

Suite à cet arrêt, la doctrine s'est interrogée sur la portée de cette jurisprudence : imposait-elle ou non deux délibérations distinctes, une première pour autoriser l'exécutif à ouvrir une procédure et une seconde pour autoriser l'exécutif à signer le contrat ? L'article 65 de la loi n° 2004-1343 du 9 décembre 2004 de simplification du droit a résolu ce problème. En effet, le nouvel article L. 2122-21-1 du code général des collectivités territoriales indique que « la délibération du conseil municipal chargeant le maire de souscrire un marché déterminé peut être prise avant l'engagement de la procédure de passation de ce marché. Elle comporte alors obligatoirement la définition de l'étendue du besoin à satisfaire et le montant prévisionnel du marché ».

Par conséquent, une seule délibération est possible, à la condition qu'elle soit suffisamment précise.

À retenir

- Le contrat administratif étant un contrat, avant d'être un acte administratif, il en résulte naturellement qu'il est fondé sur accord de volontés et que le juge recherche s'il n'a pas été conclu dans des conditions qui l'auraient vicié.
- Cet accord de volontés est constitué dans des conditions analogues à celles établies par le code civil, la jurisprudence ayant emprunté au droit privé de nombreuses règles et principes.

Pour en savoir plus

- J. Boucher et B. Bourgeois-Machureau, *Les trois visages de la cause dans les contrats administratifs* : AJDA 2008, p. 575.
- E. Mella, *Les compétences des organes des collectivités territoriales en matière contractuelle* : Contrats-Marchés publ. 2007, chron. 7.
- F. Moderne, *Permanence et actualité d'une théorie classique : le dol dans la formation des contrats de l'administration* : CJEG 2000, p. 91.
- Y. Weber, La *théorie des vices du consentement dans les contrats administratifs* : Mélanges en hommage à Roland Drago, L'unité du droit : Économica, 1996, p. 317.

Pour s'entraîner

La commune de A. a conclu avec la société B. un contrat pour la location d'ordinateurs portables afin de les prêter à des agents devant se rendre à une formation exceptionnelle de 3 jours au Parlement européen. Au vu de ses besoins exprimés, elle pensait que ce contrat de location était de courte durée, étant précisé que le contrat ne prévoyait aucune durée précise. Une fois les agents rentrés, la commune restitue les ordinateurs et reçoit, quelques jours plus tard, une facture de la société réclamant le prix de la location des ordinateurs pour une période de 6 mois. La société se prévaut à ce titre d'un courrier qu'elle avait adressé à la commune, préalablement à la signature du contrat, établissant un échéancier sur une période de 6 mois. Qu'en pensez-vous ?

Corrigé

En première analyse, la commune pourrait se prévaloir de son erreur pour soulever la nullité du contrat qu'elle a conclu. En effet, son besoin initial étant limité à quelques jours (le temps de la formation au Parlement européen), elle n'avait manifestement pas utilité de ces ordinateurs pour les mois suivants. Toutefois, il est à craindre que le juge ne retienne pas la nullité de la convention, la commune ne pouvant ignorer, au vu de l'échéancier qui lui avait été soumis avant la conclusion du contrat, que la durée de location envisagée était de 6 mois. Faute pour la commune d'avoir pris le soin de répondre à ce courrier en temps utile, il est probable qu'elle devra s'acquitter de la somme demandée par son cocontractant.

Le contenu du contrat

Fiche **10**

Définitions

Cause : intérêt de la partie qui a conclu le contrat.

Objet du contrat : opération économique réalisée par les parties.

Objet de l'obligation : contrepartie de l'obligation de l'une des parties.

Le contrat administratif étant, comme un contrat de droit privé, un accord de volontés, le juge administratif s'inspire naturellement des principes résultant des dispositions de l'article 1126 et suivants du code civil relatives à l'objet (**I.**) et à la cause (**II.**).

Par ailleurs, de nombreux textes établissent pour les contrats administratifs, tantôt l'obligation d'y inscrire certaines clauses, tantôt l'interdiction d'en insérer d'autres (**III.**).

I. L'objet

1. Pour être valide, un contrat administratif doit avoir un objet.

En vertu de l'article 1129 du code civil (« Il faut que l'obligation ait pour objet une chose au moins déterminée quant à son espèce. La quotité de la chose peut être incertaine, pourvu qu'elle puisse être déterminée »), le juge administratif considère que sont nuls les contrats dans lesquels « ni l'objet, ni la durée, ni les conditions de rémunération » ne sont déterminés (CE, 28 mars 1980, n° 07703, Sté Cabinet 2000 : RD publ. 1981, p. 523).

L'on précisera que cette exigence se retrouve dans le code des marchés publics qui impose dans son article 12 que les pièces constitutives du marché comportent obligatoirement la définition de l'objet du marché.

Naturellement, le juge administratif admet que le contrat comporte certaines imprécisions, et que notamment le prix soit simplement déterminable, à la condition que le contrat fixe des règles précises (CE, 24 mai 1968, min. Int. c/ Chambrin : Rec. CE 1968, p. 331).

2. En outre, l'objet du contrat administratif doit être licite.

Malgré le principe de la liberté contractuelle qui est reconnu aux personnes publiques (v. *supra* **Fiche n° 2**), les personnes publiques ne peuvent, par contrat, déroger au statut de la fonction publique (CE, 25 oct. 1929, Portebois : DP 1929, 3, p. 57, note R. Bienvenuë), aux principes de la domanialité publique (CE, 6 mai 1985, n° 41589, Assoc. Eurolat et Crédit Foncier de France : Rec. CE 1985, p. 141 ; RFD adm. 1986, p. 21, concl. B. Genevois) ou encore aux règles d'urbanisme (CAA Marseille, 27 juin 2000, n° 98MA00352, n° 98MA00578, préfet Pyrénées-Orientales, Avalonne : Contrats-Marchés publ. 2001, comm. 22).

De la même manière, les personnes publiques ne peuvent contracter que dans le respect de leur sphère de compétences.

Enfin, l'on rappellera que les personnes publiques ne peuvent :

- transférer par contrat un pouvoir de décision à un tiers (CE, 30 sept. 1983, n° 31875, Féd. dptale des assoc. agréées de pêche de l'Ain : Rec. CE 1983, p. 392) ;
- s'engager par contrat sur une décision unilatérale à venir, comme la nomination d'un agent (CE, 24 févr. 1956, Leduc : Rec. CE 1956, p. 89) ;
- confier leurs compétences de police administrative à un tiers (CE, ass., 17 juin 1932, Ville Castelnaudary : Rec. CE 1932, p. 595 ; DP 1932, 3, p. 26, concl. P.-L. Josse), sauf à ne lui transférer que des missions purement matérielles comme l'enlèvement et le transport des véhicules en stationnement irrégulier (CE, 24 mai 1968, min. Int. c/ Chambrin : Rec. CE 1968, p. 331).

II. La cause

1. Comme pour l'objet, la jurisprudence exige que la cause du contrat existe.

Selon les dispositions de l'article 1131 du code civil, « l'obligation sans cause ou sur une fausse cause, ou sur une cause illicite, ne peut avoir aucun effet ». Le juge administratif s'aligne très largement sur ce texte, ainsi que sur les principes que le juge judiciaire a dégagés.

Indifférent au but précis poursuivi par les parties lorsqu'elles s'engagent dans une relation contractuelle, le juge administratif ne sanctionne pas moins les contrats dépourvus de cause objective, à savoir de contrepartie. Ainsi, est nul le contrat souscrit pour assurer des navires de guerre alors que ces derniers étaient déjà couverts (CE, 12 nov. 1948, Cie des messageries maritimes : Rec. CE 1948, p. 428). L'on mentionnera également le contrat conclu par un OPHLM avec une société pour viabiliser un terrain alors que celui-ci était déjà... viabilisé (CE, 26 sept. 2007, n° 259809, 263586, Office public dptal des habitations à loyer modéré du Gard : AJDA 2008, p. 575, chron. J. Boucher et B. Bourgeois-Machureau).

Évidemment, la nullité du contrat s'appréciant au jour de sa conclusion, la disparition de la cause en cours d'exécution ne saurait justifier la nullité du contrat (CE, 29 janv. 1947, Michaux : RD publ. 1948, p. 82, concl. J. Theis, note M. Waline).

2. En outre, un contrat administratif conclu dans un but illicite sera entaché de nullité.

C'est ce qu'a jugé le Conseil d'État à propos d'un contrat par lequel une entreprise s'était engagée à verser à l'État une somme représentant 20 % du prix d'achat de produits importés illégalement (CE, 25 nov. 1921, Savonneries Olive : RD publ. 1921, p. 107, concl. M. Rivet).

Plus récemment, le Conseil d'État a rappelé ce principe en considérant « qu'une convention peut être déclarée nulle lorsqu'elle est dépourvue de cause ou qu'elle est fondée sur une cause qui, en raison de l'objet de cette convention ou du but poursuivi par les parties, présente un caractère illicite » (CE, 15 févr. 2008, n° 279045, Cne La Londe-les-Maures : AJDA 2008, p. 575, chron. J. Boucher et B. Bourgeois-Machureau). Dans ce dernier arrêt, le Conseil d'État a précisé que le juge devait « s'interroger sur les buts réellement poursuivis par leurs auteurs ».

3. Enfin, doit être envisagé un recours quelque peu original de la notion de cause au regard de la jurisprudence judiciaire.

Le Conseil d'État a considéré qu'un contrat signé en application d'un décret simple alors qu'aurait dû intervenir un décret en Conseil d'État voyait sa cause entachée de nullité (CE, 20 févr. 2008, n° 302053, Office national de la chasse et de la faune sauvage : AJDA 2008, p. 575, chron. J. Boucher et B. Bourgeois-Machureau). Il s'agissait, en l'espèce, d'une convention conclue entre l'Office national de la chasse et de la faune sauvage et la Fédération départementale des chasseurs du Bas-Rhin portant sur la prise en charge par les Fédérations de chasseurs des dépenses d'entretien des agents du Service départemental de garderie.

Selon J. Boucher et B. Bourgeois-Machureau (AJDA 2008, p. 579), le recours à la notion de cause illicite joue « le rôle d'un substitut, en matière contractuelle, de la technique de l'exception d'illégalité ». Le contrat était donc nul en raison d'un défaut de base légale. Il s'agit là d'une situation spécifique au droit administratif.

III. Les stipulations obligatoires ou prohibées

1. Les dispositions applicables aux contrats administratifs peuvent imposer des stipulations obligatoires, en particulier :

- l'article 5 de la loi n° 85-704 du 12 juillet 1985 *relative à la maîtrise d'ouvrage publique et à ses rapports avec la maîtrise d'œuvre privée* qui oblige de fixer dans le contrat de mandat signé avec le maître d'ouvrage les attributions confiées, les conditions dans lesquelles le maître de l'ouvrage constate l'achèvement de la mission de son cocontractant, les modalités de rémunération de ce dernier, les pénalités qui lui sont applicables ;
- l'article L. 300-5 du Code de l'urbanisme qui oblige, dans les conventions d'aménagement, que soient inscrit l'objet du contrat, sa durée et les conditions dans lesquelles il peut éventuellement être prorogé ou modifié. Il doit également et notamment prévoir les conditions de rachat, de résiliation ou de déchéance par le concédant ;
- les dispositions intéressant les contrats de partenariat (CGCT, art. 11 de ord. 17 juin 2004. et CGCT, art. L. 1414-12) obligent encore de fixer la durée, les conditions dans lesquelles est établi le partage des risques entre la personne publique et son cocontractant, les objectifs de performance assignés au cocontractant, et sa rémunération, notamment.

2. À l'inverse, sont également prohibées certaines clauses dans les contrats administratifs, comme :

- la clause par laquelle une personne publique renonce à la mise en œuvre de sa compétence ou à l'exercice du recours pour excès de pouvoir (CAA Paris, 30 déc. 1996, n° 95PA02185, Boyer : JCP G 1997, II, 22871, note V. Haïm) ;
- la clause par laquelle les parties s'en remettent, en cas de litige, à l'arbitrage (CE, avis, ass., 6 mars 1986 : EDCE 1987, n° 38, p. 78 ; GACE : Dalloz, 2e éd., 2002, p. 175, comm. D. Labetoulle) ;
- la clause par laquelle le délégataire d'un service public prend à sa charge l'exécution de services ou de paiements étrangers à l'objet de la délégation (art. L. 1411-2 alinéa 4 du Code général des collectivités territoriales) ;
- la clause, dans un marché public, prévoyant un paiement différé (art. 96 du code des marchés publics)...

Par ailleurs, il appartient au juge administratif d'apprécier la légalité des clauses réglementaires des contrats conclus entre les services publics industriels et commerciaux et leurs usagers au regard des dispositions de l'article L. 132-2 du code de la consommation relatives aux clauses abusives (CE, sect., 11 juill. 2001, Sté des eaux du Nord : AJDA 2001, p. 853, chron. M. Guyomar et P. Collin et p. 893, note G.-J. Guglielmi).

À retenir

- Un contrat administratif ne peut être considéré comme légalement formé que si son objet et sa cause existent et sont licites.
- Si les parties sont libres d'organiser leurs relations contractuelles comme elles l'entendent, les contrats administratifs doivent parfois comporter des clauses obligatoires. À l'inverse, il est parfois interdit aux parties d'y faire figurer certaines clauses.

Pour en savoir plus

- C. Bruere, *Le consensualisme dans les contrats administratifs* : RD publ. 1996, p. 1715.
- J. Moreau, *De l'interdiction faite à l'autorité de police d'utiliser une technique d'ordre contractuel* : AJDA 1965, p. 3.
- J. Petit, *Nouvelles d'une antinomie : contrat et police*, in Mélanges Jacques Moreau : Economica, 2003, p. 345.

Pour s'entraîner

La commune de A. a recruté par contrat un chargé de mission «sécurité et prévention de la délinquance». Selon les termes du contrat, ce chargé de mission devait réaliser des études sur les actions des services pour la mise en œuvre des pouvoirs de police du maire, sur les mesures relatives à la prévention de la délinquance et sur l'évaluation des résultats des actions conduites sur le terrain. Un conseiller municipal d'opposition a écrit au maire que, eu égard à son objet, ce contrat lui semblait invalide et qu'il envisageait donc de saisir le juge administratif. Qu'en pensez-vous ?

Corrigé

La raison pour laquelle ce conseiller municipal paraît soutenir que ce contrat serait nul tient à son objet qui porte sur les missions de police administrative.

L'on sait que les pouvoirs de police, notamment du maire, ne sauraient être confiées à un tiers (CE, ass., 17 juin 1932, Ville Castelnaudary : Rec. CE 1932, p. 595 ; DP 1932, 3, p. 26, concl. P.-L. Josse).

Vous pourriez rassurer ce maire qui vous a consulté. En effet, malgré ce principe, il est possible de transférer à un tiers des missions purement matérielles (CE, 24 mai 1968, min. Int. c/ Chambrin : Rec. CE 1968, p. 331).

Dans le cas présent, il ne semble pas que ce contrat soit nul de ce fait. En effet, la nature des missions confiées ne paraît pas se confondre avec celles assurées par les agents de la police municipale puisqu'il n'assurerait qu'un travail statistique (v. CAA Marseille, 4 juin 1998, n°96MA11707).

Le processus général de conclusion des contrats administratifs

Fiche **11**

Définitions

Transmission : formalité de publicité consistant à communiquer un acte local au représentant de l'État.

Approbation : acte conférant valeur exécutoire au contrat.

Notification : formalité déclenchant la force obligatoire du contrat.

Le contrat administratif est le résultat d'un processus complexe dont on peut rendre compte en distinguant deux périodes : l'avant (**I.**) et l'après signature du contrat (**II.**).

I. Avant la signature du contrat

A. La décision de contracter

1. Comme cela a été indiqué plus haut (v. *supra* **Fiche n° 9**), la compétence pour engager l'État revient par principe aux ministres (CE, 7 mai 1955, min. Fin. : Rec. CE 1955, p. 257).

2. Concernant les collectivités territoriales, si la décision de contracter appartient à l'organe délibérant, la décision de conclure le contrat appartient, elle, à l'exécutif.

En outre, l'absence de transmission de la délibération autorisant l'exécutif local à signer avant la date à laquelle il procède à sa conclusion entraîne, en principe, la nullité du contrat (CE, 8 mars 2002, n° 234650, Geron : BJCP 2002, n° 25, p. 494) sachant qu'aucune régularisation postérieure n'est possible (CE, avis, n° 176873, 176874, 176875, 10 juin 1996, préfet Côte-d'Or et a. : Rec. CE 1996, p. 198).

3. Par ailleurs, la personne publique a toujours la faculté de renoncer à contracter et les motifs admis par la jurisprudence sont extrêmement larges : irrégularité susceptible de vicier la procédure (CE, 13 janv. 1995, CCI Vienne :

D. 1996, somm. p. 41, obs. P. Terneyre), ainsi que tout motif d'intérêt général (CAA Bordeaux, 1er juin 2006, n° 02BX01545, Cne Balma).

Évidemment, la responsabilité de la personne publique pourra être engagée si cette renonciation est fautive (CE, avis, sect., 6 juill. 1993 : EDCE n° 45, p. 375), ce qui est le cas lorsque la personne publique a incité son cocontractant à engager prématurément la préparation ou l'exécution d'un marché dont la conclusion n'était pas certaine (CE, 11 oct. 1985, n° 38789, Cie générale de constructions téléphoniques : Rec. CE 1985, p. 282).

B. Le choix du cocontractant

1. En vertu du principe de liberté contractuelle (v. *supra* **Fiche n° 2**), les personnes publiques ne sont normalement pas astreintes à recourir à la concurrence lors de la passation de leurs contrats (CE, 12 octobre 1984, Ch. synd. des agents d'assurance des Hautes-Pyrénées : RFD adm. 1985, p. 19, concl. M. Dandelot).

Toutefois, les personnes publiques ayant en charge une mission d'intérêt général et engageant par leur choix les finances publiques, les principaux contrats administratifs (marché public, délégation de service public...- v. *infra* **Fiches n° 14, 16 et 18**) se trouvent soumis à une procédure de publicité et de mise en concurrence.

Par ailleurs, il serait erroné de considérer qu'une procédure formalisée de passation constitue nécessairement une entrave pour les personnes publiques. En effet, celles-ci peuvent avoir intérêt, même en dehors de toute obligation, d'y recourir pour choisir dans des conditions sûres et organisées leur cocontractant. Simplement, si une personne publique décide de se soumettre librement à une procédure formalisée de passation, elle devra en respecter l'ensemble des règles sous peine de voir son contrat invalidé par le juge administratif (CE, 15 oct. 1982, n° 21609, Sté d'affichage Giraudy : Dr. adm. 1982, comm. 375).

C. Les contrôles préalables

En raison de leur caractère d'intérêt général, les contrats administratifs sont soumis à des contrôles préalables.

Ainsi, en application des dispositions de l'article 126 du code des marchés publics, « *les marchés de l'État, leurs avenants et les décisions de poursuivre auxquelles ils donnent éventuellement lieu sont soumis, en dehors des contrôles institués par les textes généraux en matière de dépenses de l'État et par le présent titre, à des contrôles fixés par chaque ministre* ».

Par ailleurs, les marchés conclus par les administrations centrales sont soumis au visa du contrôleur financier et le comptable assignataire du marché pourra parfaitement, faute de visa, refuser de payer la dépense.

II. Après la signature

A. L'approbation du contrat

Pour certains contrats de l'État, une approbation peut être requise. Tel est le cas des concessions d'autoroutes qui doivent être approuvées par décret (C. voirie routière, art. L. 122-4).

L'acte d'approbation ayant un effet rétroactif, le contrat est censé avoir lié les parties dès le jour de sa signature (CE, 18 mars 1998, n° 81463, UNAF : Rec. CE 1998, p. 93).

En outre, la jurisprudence analyse cet acte comme une décision créatrice de droits (CE, 26 mars 2001, Assoc. pour la gratuité de l'autoroute A8 : BJCP 2001, n° 17, p. 359) laquelle ne pourra donc être retirée par l'administration que dans les conditions fixées par la jurisprudence «Ternon» (CE, ass., 26 oct. 2001, n° 197018, Ternon : RFD adm. 2002, p. 77, concl. F. Séners, note P. Delvolvé), à savoir dans les quatre mois qui suivent la prise de décision et uniquement pour un motif tiré de son illégalité.

Précisons que, concernant les contrats conclus par les collectivités locales, ils n'ont plus à être approuvés depuis 1982 (CGCT, art. L. 2131-1, L. 3131-1 et L. 4141-1).

B. La transmission du contrat

1. En vertu des dispositions des articles L. 2131-2-4°, L. 3131-2-4° et L. 4141-2-3° du code général des collectivités territoriales, sont soumises à l'obligation de transmission au représentant de l'État «*les conventions relatives aux emprunts, aux marchés et aux accords-cadres, à l'exception des conventions relatives à des marchés et à des accords-cadres d'un montant inférieur à un seuil défini par décret, ainsi que les conventions de concession ou d'affermage de services publics locaux et les contrats de partenariat*».

À cette liste, doivent être ajoutés les contrats conclus avec des collectivités territoriales étrangères et leurs groupements (CGCT, art. L. 1112-2).

Sont exclus de l'obligation de transmission, les contrats de droit privé (CE, sect., 27 févr. 1987, n° 54847, Cne Grand-Bourg de Marie-Galante c/ Lancelot : Rec. CE 1987, p. 79), ainsi que les marchés publics «*conclus sans formalité préalable en raison de leur montant*» (CGCT, art. L. 2131-2, 4°, L. 3131-2, 4° et L. 4141-2, 3°).

2. La transmission au représentant de l'État doit avoir lieu dans les quinze jours suivant sa signature (CGCT, art. L. 1411-9, L. 2131-13, L. 3131-6 et L. 4141-6) et doivent être transmis tant le contrat que tous les documents contractuels s'y rapportant.

3. Trois précisions doivent être apportées :

1. les contrats soumis à l'obligation de transmission ne sont exécutoires qu'à la date de leur transmission (CE, 10 janv. 1992, n° 97476, Assoc. usagers de l'eau de Peyreleau : CE 1992, p. 13) ;
2. l'absence de transmission ne remet pas en cause leur légalité (CE, 27 avr. 1987, n° 68831, com. Rép. Côtes-du-Nord : AJDA 1987, p. 680, note J.-B. Auby). Simplement, le comptable public pourrait refuser de payer le cocontractant. C'est donc le caractère exécutoire du contrat qui est affecté faute de transmission ;
3. les contrats soumis à l'obligation de transmission n'acquièrent un caractère exécutoire qu'après transmission effective au représentant de l'État (CE, 8 févr. 1999, Sté Sogema : BJCP 1999, n° 5, p. 475).

C. L'information des candidats évincés

1. Selon l'article 80 du code des marchés publics, en cas de procédure formalisée, le pouvoir adjudicateur, dès qu'il a fait son choix pour une candidature ou une offre, notifie à tous les autres candidats le rejet de leur candidature ou de leur offre, en leur indiquant les motifs de ce rejet.

Cette notification précise le nom de l'attributaire et les motifs qui ont conduit au choix de son offre aux candidats ayant soumis une offre et à ceux n'ayant pas encore eu communication du rejet de leur candidature.

Un délai d'au moins seize jours doit être respecté entre la date d'envoi de la notification prévue aux alinéas précédents et la date de conclusion du marché. Ce délai est réduit à au moins onze jours en cas de transmission électronique de la notification à l'ensemble des candidats intéressés.

2. En outre, hors du champ de l'article 80 précité, le pouvoir adjudicateur communique à tout candidat écarté les motifs du rejet de sa candidature ou de son offre dans les quinze jours de la réception d'une demande écrite à cette fin (art. 83 du code des marchés publics).

Si le candidat a vu son offre écartée alors qu'elle n'était ni inappropriée, ni irrégulière, ni inacceptable, le pouvoir adjudicateur est, en outre, tenu de lui communiquer les caractéristiques et les avantages relatifs de l'offre retenue ainsi que le nom du ou des attributaires du marché (art. 83 du code des marchés publics).

D. La notification du contrat

Selon les dispositions de l'article 81 du code des marchés publics « *les marchés et accords-cadres d'un montant supérieur à 15 000 euros HT sont notifiés avant tout commencement d'exécution. Pour les marchés et accords-cadres passés selon une procédure formalisée, la notification consiste en un envoi d'une copie du marché ou de l'accord-cadre signé au titulaire. La date de notification est la date de réception de cette copie par le titulaire»*. Pour les marchés des collectivités territoriales, cette notification doit être faite après transmission, lorsqu'elle est obligatoire, au représentant de l'État (art. 82 du code des marchés publics).

La notification du contrat déclenche à l'égard des parties sa force obligatoire (CE, sect., 12 oct. 1984, n° 34671, Ch. synd. des agents d'assurance des Hautes-Pyrénées : RFD adm. 1985, p. 19, concl. M. Dandelot). Toutefois, la jurisprudence a admis qu'un contrat non notifié pouvait être exécuté, sans que cela le rende illégal (CE, 30 janv. 1995, préfet Seine-et-Marne : RD imm. 1995, p. 319, obs. F. Llorens et P. Terneyre). Simplement, jusqu'à la notification, les parties peuvent en principe encore renoncer au contrat.

À retenir

- La conclusion d'un contrat administratif obéit à un processus complexe qui fait intervenir une succession d'actes unilatéraux.

Pour en savoir plus

- D. Chabanol, Le choix du cocontractant. Pouvoir discrétionnaire ou lié ?, in *Mélanges en l'honneur du Professeur Michel Guibal*, « Contrats publics » : Presses de la Faculté de droit de Montpellier, 2006, t. 1, p. 83.
- F. Rolin, L'habilitation à contracter, in *Mélanges en l'honneur du Professeur Michel Guibal*, « Contrats publics » : Presses de la Faculté de droit de Montpellier, 2006, tome 1, p. 187.

Pour s'entraîner

En janvier 2013, la commune de A. a décidé de lancer une procédure de marché pour la réalisation de travaux dans le stade municipal. Au terme de cette procédure, la société B. a été choisie et elle en a été informée par un courrier en date du 1er septembre 2013 par lequel la commune lui indiquait également qu'elle souhaitait que les travaux commencent en décembre 2013. Or, quelques jours plus tard, la commune de A. apprend que le ministère de la jeunesse et des sports ne lui versera pas la subvention attendue pour la réalisation des travaux, perdant ainsi le financement de près de 30 % du projet. Finalement, la commune abandonne son projet. La société entend donc engager la responsabilité de la commune pour réparation des frais engagés pour la procédure de passation et du manque à gagner. Qu'en pensez-vous ?

Corrigé

Il convient de mettre en évidence que le contrat n'a pas été signé. Or, en l'absence de signature du contrat, l'abandon du projet par l'administration n'est pas de nature à engager sa responsabilité puisqu'elle dispose d'un pouvoir discrétionnaire pour abandonner le projet, et ce notamment pour des motifs budgétaires (CE, 23 nov. 1983, n° 30493, Cne Mont-de-Marsan : Rec. CE 1983, p. 778). Par conséquent, le refus de la commune de poursuivre l'opération n'est pas en soi contestable.

La société pourrait être tentée de démontrer que les circonstances particulières dans lesquelles la commune a décidé de renoncer au contrat lui ont causé un préjudice spécial. En particulier, la société pourrait se fonder sur la jurisprudence selon laquelle l'incitation à exécuter prématurément un contrat dont la conclusion n'était pas certaine serait fautive (CE, 11 oct. 1985, n° 38789, Cie générale de constructions téléphoniques : Rec. CE 1985, p. 282).

Toutefois, l'on peut douter des chances de succès de la société sur ce terrain. D'une part, la commune a fixé le début des travaux à une date éloignée. D'autre part, la société n'a reçu aucune promesse de signer le contrat, ni ordre de service de commencer à l'exécuter (pour une affaire similaire, v. CAA Lyon, 6 juin 2013, n° 12LY01822, Sté Peduzzi bâtiment c/ Synd. Eaux de Ruffey-lès-Echirey : Cts et MP 2013, comm. 215, obs. P. Devillers).

La notion de marché public (le champ d'application *organique* du droit des marchés publics)

Fiche **12**

I. Un marché public, un contrat conclu par un pouvoir adjudicateur

II. Un marché public, un contrat conclu avec un opérateur économique autonome

Définitions

Marché public : contrat conclu à titre onéreux entre un pouvoir adjudicateur et un opérateur économique public ou privé, pour répondre à leurs besoins en matière de travaux, de fournitures ou de services.

Un contrat, pour être qualifié de marché public, doit avoir été conclu par un pouvoir adjudicateur (**I.**) avec un opérateur économique autonome (**II.**).

I. Un marché public, un contrat conclu par un pouvoir adjudicateur

Si la notion de pouvoir adjudicateur provient du droit européen des marchés publics, droit interne (**A.**) et droit européen (**B.**) en ont une approche différente.

A. La notion de pouvoir adjudicateur dans le code des marchés publics

1. Les dispositions de l'article 1er du code des marchés publics prévoient que les marchés publics sont les contrats conclus à titre onéreux entre les pouvoirs adjudicateurs définis à l'article 2 et des opérateurs économiques publics ou privés, pour répondre à leurs besoins en matière de travaux, de fournitures ou de services.

Aux termes de l'article 2 du code des marchés publics, les pouvoirs adjudicateurs soumis au présent code sont : 1° L'État et ses établissements publics autres que ceux ayant un caractère industriel et commercial ; 2° Les collectivités territoriales et leurs établissements publics locaux.

Par conséquent, l'État et toutes les collectivités territoriales sont des pouvoirs adjudicateurs au sens du code des marchés publics et il n'y a pas lieu à distinguer.

Par contre, le code opère une distinction entre les établissements publics puisque tous les établissements publics locaux sont soumis au code des marchés publics, tandis que seuls les établissements publics rattachés à l'État ayant un caractère autre qu'industriel et commercial, c'est-à-dire administratif, sont concernés.

2. Deux précisions doivent être apportées :

- d'une part, si les établissements publics industriels et commerciaux sont exclus du champ du code des marchés publics, les contrats qu'ils passent ne sont pas étrangers à toute obligation de publicité et de mise en concurrence puisque ces établissements peuvent être considérés comme des pouvoirs adjudicateurs au sens du droit européen (cf. *infra*) ;
- d'autre part, certains établissements administratifs rattachés à l'État ne sont pas soumis au code des marchés publics. En effet, l'article 3 de l'ordonnance n° 2005-649 du 6 juin 2005 exclut du champ du code des marchés publics les contrats passés par les établissements de recherche lorsqu'ils sont destinés à la conduite de leurs activités de recherche (V. pour les règles applicables le Décret n° 2007-590 du 25 avril 2007).

B. La notion de pouvoir adjudicateur au sens du droit européen

1. Comme les précédentes Directives, l'article 2 de la nouvelle Directive n° 2014/24/UE du Parlement Européen et du Conseil dispose qu'un marché public est un contrat conclu par un pouvoir adjudicateur, à savoir l'État, les autorités régionales ou locales, les organismes de droit public ou les associations formées par une ou plusieurs de ces autorités ou un ou plusieurs de ces organismes de droit public.

2. La différence avec le code des marchés publics tient essentiellement à la notion d'« organisme de droit public ».

Selon le texte de l'article 2 de la Directive précitée, un « organisme de droit public » se définit comme un organisme présentant toutes les caractéristiques suivantes :

- il a été créé pour satisfaire spécifiquement des besoins d'intérêt général ayant un caractère autre qu'industriel ou commercial ;
- il est doté de la personnalité juridique ;
- et soit il est financé majoritairement par l'État, les autorités régionales ou locales ou par d'autres organismes de droit public, soit sa gestion est soumise à un contrôle de ces autorités ou organismes, soit son organe d'administration, de direction ou de surveillance est composé de membres dont plus de la moitié sont désignés par l'État, les autorités régionales ou locales ou d'autres organismes de droit public.

La jurisprudence européenne a eu l'occasion de préciser que la notion d'organisme de droit public devait être comprise « dans un sens large » (CJCE, 27 févr. 2003, aff. C-373/00, Adolf Truley GmbH : Dr. adm. 2003, comm. 124, note A. Ménéménis) et que cet organisme pouvait être, au sens du droit national, une personne privée (CJCE, 15 mai 2003, aff. C-214/00, Commission c/ Espagne), ce que l'application stricte du code des marchés publics exclut.

Par conséquent, les contrats passés par une personne privée pour obtenir des travaux, des fournitures ou des services ne pourront jamais être soumis au code des marchés publics.

En revanche, si cette personne privée revêt les caractéristiques d'un organisme de droit public, elle sera soumise aux dispositions des directives européennes telles que transposées par l'ordonnance n° 2005-649 du 6 juin 2005 qui devra être prochainement modifiée pour intégrer la dernière Directive Marché public du 26 février 2014.

II. Un marché public, un contrat conclu avec un opérateur économique autonome

Vu du côté du cocontractant, le droit des marchés publics impose que celui-ci soit un opérateur économique (**A.**) et un opérateur autonome (**B.**).

A. Un contrat conclu avec un opérateur économique

Selon le code des marchés publics et les Directives européennes, un marché public est toujours conclu avec un « opérateur économique public ou privé », même s'il ne poursuit pas de but lucratif.

1. Ainsi, un opérateur économique peut être tout autant une personne privée qu'une personne publique.

L'existence de marchés publics entre personnes publiques est une nouveauté. Traditionnellement, l'on considérait, en effet, que les contrats conclus entre personnes publiques se situaient en dehors du champ des marchés publics. Ainsi, selon le commissaire du Gouvernement H. Savoie, « le Code des marchés publics ne régit pas les relations que l'État, les collectivités locales et leurs établissements publics entretiennent entre eux » (concl. sur CE, 20 mai 1998, Cté communes du Piémont de Barr : RFD adm. 1999, p. 609), même si le Conseil d'État s'était abstenu d'apporter en l'espèce une réponse de principe.

Toutefois, participant d'un phénomène de banalisation des contrats conclus entre personnes publiques, le Conseil d'État a précisé deux ans plus tard qu'une personne publique pouvait participer à une procédure de passation d'un marché public (CE, avis, 8 nov. 2000, Sté Jean-Louis Bernard Consultants : Dr. adm.

2000, comm. 249 ; AJDA 2000, p. 1066 et 987, chron. M. Guyomar et P. Collin ; RFD adm. 2001, p. 106, concl. C. Bergeal), dans la limite de ses compétences.

2. En outre, un opérateur économique, au sens du droit des marchés publics, n'a pas nécessairement à poursuivre un but lucratif (CJCE, 29 nov. 2007, aff. C-119/06, Commission c/ Rép. Italienne : Contrats-Marchés publ. 2008, comm. 29, note G. Eckert).

En revanche, le Conseil d'État est parfois amené à écarter l'application du code des marchés publics lorsque le cocontractant de l'administration ne poursuit pas d'activité économique parce que n'intervenant pas sur un marché économique (CE, 28 mai 2010, n° 328731, Sté Enfenconfiance : Contrats-Marchés publ. 2010, comm. 268).

B. Un contrat conclu avec un opérateur autonome

Certains contrats ne sont pas soumis au droit des marchés publics en raison de l'absence d'autonomie de l'opérateur économique avec lequel a conclu le pouvoir adjudicateur. Il s'agit des marchés dits « in house ».

Il revient à la jurisprudence européenne, dans l'arrêt Teckal (CJCE, 18 novembre 1999, aff. C-107/98), d'avoir fait émerger cette notion de marché « in house » en considérant que le droit européen des marchés publics est applicable lorsqu'un pouvoir adjudicateur envisage de conclure par écrit, avec une entité distincte de lui au plan formel et autonome par rapport à lui au plan décisionnel, un contrat à titre onéreux ayant pour objet la fourniture de produits.

Cette exception a été reprise par le code des marchés publics qui prévoit que les accords-cadres et marchés « conclus entre un pouvoir adjudicateur et un cocontractant sur lequel il exerce un contrôle comparable à celui qu'il exerce sur ses propres services et qui réalise l'essentiel de ses activités pour lui à condition que, même si ce cocontractant n'est pas un pouvoir adjudicateur, il applique pour répondre à ses besoins propres, les règles de passation des marchés prévues par le présent code ou par l'ordonnance n° 2005-649 du 6 juin 2005 »(CMP, art. 3).

Elle est maintenant codifiée à l'article 12 de Directive 2014/24/UE du 26 février 2014 qui précise qu'un marché public ne relève pas de son champ d'application lorsque les conditions suivantes sont réunies :

- le pouvoir adjudicateur exerce sur la personne morale concernée un contrôle analogue à celui qu'il exerce sur ses propres services ;
- plus de 80 % des activités de cette personne morale contrôlée sont exercées dans le cadre de l'exécution des tâches qui lui sont confiées par le pouvoir adjudicateur qui la contrôle ou par d'autres personnes morales qu'il contrôle ;
- et la personne morale contrôlée ne comporte pas de participation directe de capitaux privés, à l'exception des formes de participation de capitaux

privés sans capacité de contrôle ou de blocage requises par les dispositions législatives nationales, conformément aux traités, qui ne permettent pas d'exercer une influence décisive sur la personne morale contrôlée.

Ainsi, un marché « in house » est un contrat conclu avec une entité indépendante juridiquement en ce qu'elle dispose de la personnalité morale, mais dépendante matériellement et fonctionnellement du pouvoir adjudicateur. Comme il s'agit d'opérations qui sont quasiment réalisées en interne, celles-ci ne sont pas soumises à concurrence.

À retenir

- Un marché public est toujours conclu par un pouvoir adjudicateur.
- La notion de pouvoir adjudicateur varie selon qu'elle est abordée par le droit interne ou le droit européen, ce dernier ayant une approche beaucoup plus large puisqu'il inclut certaines personnes de droit privé.
- Un marché public doit avoir été conclu avec un opérateur économique (public ou privé) lequel peut ne pas poursuivre une activité lucrative.
- Sont exclus du champ des marchés publics les marchés dits « in house » conclus avec des opérateurs qui ne sont pas autonomes par rapport au pouvoir adjudicateur.

Pour en savoir plus

- O. Bérard, S. Larger, A. Zawislak, *L'université, pouvoir adjudicateur à double visage* : Contrats-Marchés publ. 2007, comm. 17.
- M. Karpenschif, *Définition du pouvoir adjudicateur par la Cour de justice des Communautés européennes* : AJDA 2004, p. 526.
- D. Moreau, *Marchés relevant de l'ordonnance du 6 juin 2005 : la réforme inachevée* : Contrats - Marchés publ. 2009, étude 1.

Pour s'entraîner

L'ordonnance du 17 juin 2004 sur les contrats de partenariat a prévu qu'un tel contrat ne peut être conclu qu'après une évaluation préalable à laquelle la personne publique procède avant le lancement de la procédure. Cette évaluation doit démontrer, notamment que, compte-tenu de la complexité du projet, la personne publique n'est pas objectivement en mesure de définir seule et à l'avance les moyens techniques pouvant répondre à ses besoins et donc qu'elle est contrainte de recourir à ce type de montage contractuel.

Pour aider les personnes publiques, il a été créé un organisme expert chargé de procéder en liaison avec toute personne intéressée à l'évaluation prévue.

À l'encontre de ce texte, il avait notamment été soulevé que cet organisme interviendrait sur un marché économique et que, par conséquent, les contrats qu'il signerait avec une personne publique seraient des marchés publics (de prestation de service). Qu'en pensez-vous ?

Corrigé

De prime abord, il semble bien que cet organisme poursuivait une activité économique, à savoir une activité de conseil. Pourtant, cette activité n'est pas réellement économique. Selon le Conseil d'État (ass., 31 mai 2006, n° 275531, Ordre des avocats au Barreau de Paris), ce décret s'est borné à mettre en œuvre la mission d'intérêt général, qui relève de l'État, de veiller au respect, par les personnes publiques et les personnes privées chargées d'une mission de service public, du principe de légalité. En outre, en prévoyant que cet organisme peut fournir un appui dans la négociation des contrats, le décret attaqué n'a pas entendu permettre à cet organisme de les négocier en lieu et place d'une personne publique. Il n'y a donc pas, selon le Conseil d'État, d'intervention sur un marché et les contrats conclus pour évaluer l'opportunité de recourir à un partenariat ne sont pas des marchés publics.

La notion de marché public (le champ d'application *matériel* du droit des marchés publics)

Fiche 13

Définitions

Marché public : contrat conclu à titre onéreux entre un pouvoir adjudicateur et un opérateur économique public ou privé, pour répondre à leurs besoins en matière de travaux, de fournitures ou de services.

Deux mises en garde liminaires doivent être formulées. D'une part, un contrat ne sera qualifié de marché public que s'il répond au critère organique du droit des marchés publics (v. *supra* **Fiche n° 12**). D'autre part, il conviendra toujours de prendre en considération que les contours de la notion de marché public en droit interne et en droit européen ne se superposent pas parfaitement, particulièrement en matière de marchés de travaux.

Ces mises en gardes faites, il s'agira d'envisager, dans un premier temps, les éléments communs à l'ensemble des marchés publics (**I.**) et, dans un second temps, les éléments propres à chaque type de marché public (**II.**).

I. Les éléments communs à l'ensemble des marchés publics

Un marché public est un contrat (**A.**), conclu à titre onéreux (**B.**) et exécuté sur le territoire français (**C.**).

A. Un marché public, un contrat

Sans lien contractuel, pas de marché public. En effet, une prestation qui ne serait pas réalisée sur le fondement d'un contrat n'impliquerait pas l'application du droit des marchés publics. Ainsi, la désignation unilatérale d'un prestataire par une personne publique interdit de voir dans cette opération un marché public (CE, 13 juill. 2007, n° 299207 Cne de Rosny-sous-Bois : Dr. adm. 2007, comm. 150, note A. Ménéménis).

De son côté, la Cour de justice vérifie également que ce critère est rempli. Elle considère, en particulier, que lorsque l'entité en cause ne dispose d'aucune liberté « ni quant à la suite à donner à une commande faite par les autorités compétentes, ni quant au tarif applicable à ses prestations », alors aucun contrat n'a été conclu (CJCE, 19 avr. 2007, aff. C-295/05, ASEMFO : Dr. adm. 2007, comm. 101, note A. Ménéménis). Cette situation est distincte du marché dit « in house » (v. *supra* **Fiche n° 12**) puisque, dans cette dernière hypothèse, un contrat a bien été conclu mais il ne sera soumis à aucune mesure de publicité ou de mise en concurrence en ce que l'opérateur économique ne dispose d'aucune autonomie avec le pouvoir adjudicateur.

B. Un marché public, un contrat onéreux

Qu'il s'agisse du code des marchés publics ou des directives-marchés publics, tout marché public est un contrat conclu à titre onéreux, ce qui signifie que l'opérateur économique doit retirer du pouvoir adjudicateur une rémunération.

En règle générale, il s'agira d'un prix c'est-à-dire du versement d'une somme d'argent.

Ce caractère onéreux peut également prendre des formes plus indirectes, comme dans les contrats de mobilier urbain qui sont des contrats par lesquels une collectivité publique, en contrepartie de l'installation d'équipements sur la voie publique (abribus, panneaux d'affichage...), renonce à la fois à perception d'une redevance pour occupation du domaine public et à l'exploitation à des fins publicitaires de ces espaces. Ainsi, en contrepartie de l'installation de ces équipements, l'opérateur ne reçoit aucune rémunération du pouvoir adjudicateur. Simplement, ce dernier consent à ne pas lui réclamer le versement d'une redevance pour occupation du domaine public et le laisse exploiter commercialement ces espaces. Pour la juridiction administrative, il s'agit bien de marchés publics (CE, 4 nov. 2005, n° 247298, Sté Jean-Claude Decaux : Rec. CE 2005, p. 476 ; RFD adm. 2005, p. 1083, concl. D. Casas).

C. Un marché public, un contrat exécuté sur le territoire français

Pour le juge administratif, si le contrat signé n'est pas exécuté sur le territoire français, il ne saurait être qualifié de marché public (CE, 4 juill. 2008, n° 316028, Sté Colas Djibouti : Contrats-Marchés publ. 2008, comm. 211, note J.-P. Pietri). Il s'ensuit qu'il n'est soumis ni au code des marchés publics, ni aux directives marchés publics.

II. Les éléments propres à chaque type de marché public

Sans se livrer à une étude détaillée de chaque type de marché public, il convient d'esquisser les traits principaux des marchés de travaux (**A.**), des marchés de fournitures (**B.**) et des marchés de services (**C.**).

A. Les marchés de travaux

1. L'article 1er du code des marchés publics définit le marché public de travaux comme le contrat ayant pour objet « soit l'exécution, soit conjointement la conception et l'exécution d'un ouvrage ou de travaux de bâtiment ou de génie civil répondant à des besoins précisés par le pouvoir adjudicateur qui en exerce la maîtrise d'ouvrage ».

Par conséquent, le droit interne des marchés publics lie la qualification de marché public à la notion de maîtrise d'ouvrage. Dès lors, il s'ensuit que ne seront pas, au sens du droit interne, des marchés de travaux les contrats dans lesquels l'administration n'assure pas la maîtrise d'ouvrage.

Selon les dispositions de l'article 2 de la loi n° 85-704 du 12 juillet 1985 relative à la maîtrise d'ouvrage publique et à ses rapports avec la maîtrise d'œuvre privée, « *le maître de l'ouvrage est la personne* [...] *pour laquelle l'ouvrage est construit. Responsable principal de l'ouvrage, il remplit dans ce rôle une fonction d'intérêt général dont il ne peut se démettre* ». En particulier, il revient au maître d'ouvrage, « [...] *après s'être assuré de la faisabilité et de l'opportunité de l'opération envisagée, d'en déterminer la localisation, d'en définir le programme, d'en arrêter l'enveloppe financière prévisionnelle, d'en assurer le financement, de choisir le processus selon lequel l'ouvrage sera réalisé et de conclure, avec les maîtres d'œuvre et entrepreneurs qu'il choisit, les contrats ayant pour objet les études et l'exécution des travaux* ».

Dans ces conditions, lorsque l'objet d'une opération est la construction même pour le compte d'une personne publique d'un immeuble entièrement destiné à devenir sa propriété et conçu en fonction de ses besoins propres, le pouvoir adjudicateur doit en assurer la maîtrise d'ouvrage et ne peut user d'autre montage contractuel que le marché public de travaux (CE, 8 février 1191, Région Midi-Pyrénées, RFDA 1992, 48, concl. Pochard).

2. À la différence du droit interne, le droit européen des marchés publics ne connaît pas la notion de maîtrise d'ouvrage. Dès lors, un contrat qui ne pourrait être un marché public au sens du code des marchés publics, faute pour le pouvoir adjudicateur d'assurer la maîtrise d'ouvrage, pourra quand même être qualifié de marché public au sens du droit européen (CE, 3 juin 2009, n° 311798, Cne Saint-Germain-en-Laye : RD imm. 2009, p. 470, note R. Noguellou).

B. Les marchés de fournitures

Au sens du code des marchés publics, les marchés de fournitures sont les contrats ayant pour objet non seulement l'achat mais également « la prise en crédit-bail, la location ou la location-vente de produits ou matériels ».

Les directives européennes reprennent, en substance, la même définition du marché de fournitures ; simplement elles ne visent que les produits et non le matériel, différence n'ayant pas de portée juridique.

Par ailleurs, le code des marchés publics évoque le cas des contrats qui comportent des travaux de pose des fournitures acquises par la collectivité publique. Dans le cas d'un marché public ayant pour objet l'acquisition de fournitures et, à titre accessoire, des travaux de pose et d'installation de celles-ci, celui-ci est considéré comme un marché de fournitures.

C. Les marchés de services

L'article 1er du code des marchés publics indique que les marchés de services sont les « marchés conclus avec des prestataires de services qui ont pour objet la réalisation de prestation de services ». Malgré cette définition précise, la catégorie des marchés de services présente une certaine complexité.

D'abord, certains services sont entièrement soumis au droit des marchés publics, tandis que d'autres ne sont soumis qu'à certaines règles ou principes du code. L'on distingue en effet entre, d'une part, les services prioritaires qui sont entièrement soumis aux règles du droit des marchés publics (CMP, art. 29 : par exemple, les services d'entretien et de réparation, les services de communications électroniques...) et, d'autre part, les services non prioritaires qui sont soumis à des règles allégées (CMP, art. 30 : à savoir tous les services qui ne figurent dans la liste dressée par l'article 29).

Ensuite, un certain nombre de services sont purement et simplement exclus du champ d'application du droit des marchés publics. Ainsi, l'article 3 du code des marchés publics vise, par exemple, les contrats ayant pour objet des services financiers relatifs à l'émission, à l'achat, à la vente et au transfert de titres. Ceux-ci pourront donc être passés librement par le pouvoir adjudicateur.

À retenir

- Un marché public est un contrat conclu à titre onéreux devant s'exécuter sur le territoire national.
- La notion en droit interne de marché de travaux se distingue du droit européen en ce que le code des marchés publics exige que le pouvoir adjudicateur assume la maîtrise d'ouvrage public.
- Au sein de la catégorie de marché de service, il convient de distinguer entre les services totalement soumis au droit des marchés publics, les services soumis à un régime allégé et les services dispensés de toute mesure de publicité et de mise en concurrence.

Pour en savoir plus

- F. Brenet, *Les contrats de mobilier urbain sont des marchés publics*, Dr. adm. 2006, étude 6.
- F. Lichère « La définition contemporaine du marché public » : RD publ. 1997, p. 1753.
- Ph. Terneyre, *La notion de marché public : rupture ou continuité ?* : CMP 2014, n° 6, 3.

Pour s'entraîner

En application de l'article 1er de l'ordonnance du 7 janvier 1959 relative à l'organisation des transports de voyageurs en Ile de France, il a été constitué entre la région d'Ile-de-France, la ville de Paris, les départements des Hauts-de-Seine, de la Seine-Saint-Denis, du Val-de-Marne, de l'Essonne, des Yvelines, du Val-d'Oise et de Seine-et-Marne un établissement public chargé de l'organisation des transports publics de personnes en Ile-de-France, le Syndicat des transports d'Ile-de-France. Au terme d'une procédure complexe, l'exploitant du réseau de transport est choisi par le Syndicat des transports d'Ile-de-France parmi les candidats proposés par ses membres. Cette désignation découle d'une décision unilatérale du syndicat sous la forme d'une inscription au plan régional des transports du service avec désignation du transporteur

Suite à la désignation d'une entreprise de transport pour la commune de A., cette dernière a conclu avec ladite entreprise une convention d'exploitation pour définir les modalités de son intervention. Fallait-il soumettre cette convention au code des marchés publics ?

Corrigé

L'exploitation des réseaux de voyageurs en Ile de France est soumise à une réglementation particulière qui donne compétence au syndicat des transports d'Ile de France pour autoriser une entreprise à exploiter un service de transport de voyageurs. Cette attribution relève d'une décision unilatérale du syndicat (inscription au plan régional des transports du service avec désignation du transporteur).

Or, la convention d'exploitation conclue ultérieurement par la commune avec l'exploitant autorisé à exploiter un service de transport public de voyageurs sur son territoire, pour définir les conditions d'exploitation de ce service, n'est pas détachable de la procédure unilatérale de désignation de cet exploitant par le syndicat des transports d'Ile de France. Elle ne peut donc être regardée comme un marché public. Aucune procédure de publicité et de mise en concurrence n'avait donc à être suivie (v. CE, 13 juillet 2007, Commune de Rosny-sous-Bois, n° 299207).

La passation des marchés publics

Fiche **14**

Définitions

Accord cadre : contrat conclu entre un pouvoir adjudicateur et un opérateur économique public ou privé, ayant pour objet d'établir les termes régissant les marchés à passer au cours d'une période donnée, notamment en ce qui concerne les prix et, le cas échéant, les quantités envisagées.

Allotissement : obligation faite au pouvoir adjudicateur de décomposer une opération en plusieurs lots cohérents, chaque lot faisant l'objet d'un marché et donc d'une procédure distincte (art. 10 code des marchés publics).

Le code des marchés publics prévoit de nombreuses procédures de passation dont on peut rendre compte en distinguant les procédures de principe (**I.**) et les procédures dérogatoires (**II.**).

I. Procédures de principe

En matière de marché public, la détermination de la procédure dépend de 3 données : l'objet du marché, la nature du pouvoir adjudicateur et le montant de l'opération. Le tableau suivant précise de quelle manière se coordonnent ces 3 éléments :

	Marchés sans mise en concurrence	**Procédures adaptées (MAPA)**	**Appel d'offres**
Marché de travaux (tout type d'acheteur)	jusqu'à 14 999 €	de 15 000 € à 5 185 999 €	à partir de 5 186 000 €
Marché de fournitures et de services (État et Établissement public administratifs nationaux)	jusqu'à 14 999 €	de 15 000 € à 133 999 €	à partir de 134 000 €

	Marchés sans mise en concurrence	Procédures adaptées (MAPA)	Appel d'offres
Marché de fournitures et de services (Collectivités territoriales et Établissement public locaux)	jusqu'à 14 999 €	de 15 000 € à 206 999 €	à partir de 207 000 €
Marché de fournitures et de services dans le domaine de la défense	jusqu'à 14 999 €	de 15 000 € à 413 999 €	à partir de 414 000 €

Une fois ces trois éléments pris en compte, le pouvoir adjudicateur déterminera si son marché peut être conclu sans mise en concurrence préalable, ou selon une procédure adaptée ou, enfin, selon la procédure de l'appel d'offres.

Les marchés sans mise en concurrence

Les marchés d'un montant inférieur à 15 000 euros HT peuvent être passés sans publicité ni mise en concurrence préalables.

Il avait été, un temps envisagé de relever l'ancien seuil de 4 000 à 20 000 euros HT. Toutefois, le décret n° 2008-1356 du 19 décembre 2008 (*Journal officiel* 20 décembre 2008) y procédant ayant été annulé pour méconnaissance des principes généraux du droit de la commande publique (CE, 10 févr. 2010, n° 329100, Perez : JCP A 2010, 2068, note F. Linditch), un seuil moindre – 15 000 euros – a été fixé.

Les marchés à procédure adaptée

En vertu de l'article 34 du code des marchés publics, une procédure négociée est une procédure dans laquelle le pouvoir adjudicateur négocie les conditions du marché avec un ou plusieurs opérateurs économiques.

En outre, en application des articles 65 et 66 du même code, la procédure négociée doit être précédée d'un avis public à la concurrence. Puis, une lettre de consultation est envoyée simultanément à tous les candidats sélectionnés. Cette lettre comporte, au moins, les documents de la consultation, la date et l'heure limites de réception des offres, les références de l'avis d'appel public à la concurrence publié et la liste des documents à fournir avec l'offre.

La négociation est ensuite engagée avec les candidats sélectionnés, et ce dans le respect du principe d'égalité de traitement de tous les candidats.

Le marché est notifié au candidat sélectionné et un avis d'attribution est publié.

L'appel d'offres

Défini à l'article 33 du code des marchés publics, l'appel d'offres est la procédure la plus exigeante du code. En effet, le pouvoir adjudicateur choisit l'attributaire, sans négociation, sur la base de critères objectifs préalablement portés à la connaissance des candidats.

Deux types d'appel d'offres sont possibles : d'une part, l'appel d'offres dit « ouvert » qui permet à tous les candidats dont le dossier est complet de présenter une offre ; d'autre part, l'appel d'offres dit « restreint » qui autorise le pouvoir adjudicateur à limiter, à l'avance, le nombre des candidats admis à présenter une offre.

II. Procédures dérogatoires

En marge des procédures qui viennent d'être évoquées, le code des marchés publics connaît de nombreuses procédures dérogatoires.

Les marchés négociés (art. 35 CMP)

Les pouvoirs adjudicateurs peuvent recourir à la négociation dans certaines situations exceptionnelles et ce indépendamment du montant du marché (art. 35 CMP).

En premier lieu, peuvent être négociés ***après*** *publicité préalable et mise en concurrence :*

- les marchés et les accords-cadres pour lesquels, après appel d'offres ou dialogue compétitif, il n'a été proposé que des offres irrégulières ou inacceptables que le pouvoir adjudicateur était tenu de rejeter ;
- les marchés et les accords-cadres de services, notamment les marchés de services financiers, lorsque la prestation de services à réaliser est d'une nature telle que les spécifications du marché ne peuvent être établies préalablement avec une précision suffisante pour permettre le recours à l'appel d'offres ;
- les marchés et les accords-cadres de travaux qui sont conclus uniquement à des fins de recherche, d'essai, d'expérimentation ou de mise au point sans finalité commerciale immédiate ;
- dans des cas exceptionnels, lorsqu'il s'agit de travaux, de fournitures ou de services dont la nature ou les aléas qui peuvent affecter leur réalisation ne permettent pas une fixation préalable et globale des prix.

En second lieu, peuvent être, notamment, négociés ***sans*** *publicité préalable et* ***sans*** *mise en concurrence :*

- les marchés et les accords-cadres conclus pour faire face à une urgence impérieuse résultant de circonstances imprévisibles pour le pouvoir adjudicateur et n'étant pas de son fait, et dont les conditions de passation ne sont pas compatibles avec les délais exigés par les procédures d'appel d'offres ou de marchés négociés avec publicité et mise en concurrence préalable ;

- les marchés et les accords-cadres de fournitures concernant des produits fabriqués uniquement à des fins de recherche, d'essai, d'expérimentation, d'étude ou de développement, sans objectif de rentabilité ou de récupération des coûts de recherche et de développement ;
- les marchés et les accords-cadres passés selon la procédure de l'appel d'offres, pour lesquels aucune candidature ou aucune offre n'a été déposée ou pour lesquels seules des offres inappropriées ont été déposées.

La procédure de dialogue compétitif (art. 36 CMP)

La procédure de dialogue compétitif est une procédure dans laquelle le pouvoir adjudicateur conduit un dialogue avec les candidats admis à y participer en vue de définir (ou de développer) une (ou plusieurs) solution(s) de nature à répondre à ses besoins et sur la base de laquelle (ou desquelles) les participants au dialogue seront invités à remettre une offre.

Le recours à la procédure de dialogue compétitif est possible lorsqu'un marché public est considéré comme complexe, c'est-à-dire lorsque l'une au moins des conditions suivantes est remplie : soit le pouvoir adjudicateur n'est objectivement pas en mesure de définir seul et à l'avance les moyens techniques pouvant répondre à ses besoins ; soit le pouvoir adjudicateur n'est objectivement pas en mesure d'établir le montage juridique ou financier d'un projet.

La procédure de conception-réalisation (art. 38)

Un marché de conception-réalisation est un marché de travaux qui permet au pouvoir adjudicateur de confier à un groupement d'opérateurs économiques ou, pour les seuls ouvrages d'infrastructure, à un seul opérateur économique, une mission portant à la fois sur l'établissement des études et l'exécution des travaux. Il s'agit donc d'une dérogation au principe de l'allotissement.

Le concours (art. 38 CMP)

Le concours est la procédure par laquelle le pouvoir adjudicateur choisit, après mise en concurrence et avis d'un jury, un plan ou un projet, notamment dans le domaine de l'aménagement du territoire, de l'urbanisme, de l'architecture et de l'ingénierie ou des traitements de données, avant d'attribuer à l'un des lauréats du concours le marché.

Les participants au concours sont indemnisés selon des modalités prévues par le règlement du concours.

À retenir

- En principe, le type de procédure dépend de 3 données : l'objet du marché, la nature du pouvoir adjudicateur et le montant de l'opération.
- Les procédures de principes sont la passation sans concurrence préalable, la procédure adaptée et l'appel d'offres.
- Le code des marchés publics connaît de nombreuses procédures dérogatoires : les marchés négociées, le dialogue compétitif, la procédure de conception réalisation et le concours.

Pour en savoir plus

- Ann Lawrence Durviaux, *La passation et l'exécution des marchés publics* : Secteurs classiques et spéciaux, éd. Larcier 2013.

Pour s'entraîner

Le 8 et 9 septembre 2013, la commune de A. a connu de violentes intempéries qui ont entraîné des dégâts importants affectant la voirie communale. Le réseau d'évacuation des eaux pluviales a également été touché. Cinq jours plus tard, un arrêté constatant l'état de catastrophe naturelle a été pris. Selon les premières estimations des services techniques de la commune, le coût des réparations s'élèverait à plus de 6 millions d'euros. La commune souhaiterait agir vite, mais elle craint que la procédure d'appel d'offres lui fasse perdre beaucoup de temps. Qu'en pensez-vous ?

Corrigé

En vertu des dispositions de l'article 35 du code des marchés publics, un pouvoir adjudicateur, pour faire face à une urgence impérieuse résultant de circonstances imprévisibles, peut passer un marché négocié sans publicité ni mise en concurrence préalable lorsque les conditions de passation ne sont pas compatibles avec les délais exigés par les procédures d'appel d'offres ou de marchés négociés avec publicité et mise en concurrence préalable.

En l'espèce, compte tenu des désordres affectant des ouvrages de soutènement de voirie et d'évacuation des eaux, il paraît indispensable d'agir au plus vite pour éviter que de nouvelles et fortes précipitations aggravent les risques pour la sécurité des personnes et des biens.

Dès lors, la commune pourrait passer par la voie d'un marché négocié, conclu sans publicité ni mise en concurrence, alors même que, dans des circonstances normales, le coût du marché imposerait de suivre la procédure de l'appel d'offres (v. CAA Marseille, 12 mars 2007, n°04MA00643).

La notion de délégation de service public

Fiche **15**

Définitions

Service public : activité d'intérêt général qu'une personne publique prend en charge ou délègue.

Délégation de service public : un contrat par lequel une personne morale de droit public confie la gestion d'un service public dont elle a la responsabilité à un délégataire public ou privé et dont la rémunération est substantiellement liée aux résultats de l'exploitation du service.

Afin de rendre compte de la catégorie des délégations de service public (DSP), l'on envisagera l'origine de la notion (**I.**) et ses critères distinctifs (**II.**), puis les différentes conventions de délégation de service public (**III.**) et le régime spécifique des biens dans ce type d'opération (**IV.**).

I. L'origine de la notion de DSP

1. La notion de DSP est apparue récemment.

D'abord, avec la loi du 6 février 1992 relative à l'administration territoriale de la République (dite loi Joxe) dont plusieurs articles (art. 14, 19, 47 et 52) utilisaient la notion, sans jamais cependant la définir.

Surtout, la notion de DSP a été consacrée par la loi n° 93-122 du 29 janvier 1993 relative à la transparence économique et à la lutte contre la corruption (dite loi Sapin : *Journal officiel* 30 janvier 1993) qui est venue instituer un régime de passation pour ce contrat.

L'on ajoutera que la loi n° 2001-1168 du 11 décembre 2001 relative aux mesures urgentes à caractère économique et financier (loi MURCEF : *Journal officiel* 12 décembre 2001) achèvera la construction de cette notion en apportant une définition juridique de la notion de DSP, jusqu'alors essentiellement jurisprudentielle.

2. L'apparition récente de cette notion ne doit pas tromper sur ses origines anciennes. En effet, la notion de DSP est directement inspirée des concessions de service public qui se sont essentiellement développées au XIXe siècle.

En outre, la notion de DSP a également de nombreux cousinages et, en particulier, avec les « bot » anglo-saxons (build, operate, transfert) qui ont pour objet de transférer l'exécution d'un service aux frais et risques d'une entreprise.

3. Enfin, ce mode de gestion, qui se développe de plus en plus, vient de faire l'objet d'une consécration européenne. En effet, le 11 février 2014, a été définitivement adopté la nouvelle directive européenne relative à l'attribution des contrats de concession de service. Auparavant, ceux-ci n'étaient soumis qu'à une « obligation de transparence » découlant du principe de non-discrimination consacrée par le traité (CJCE, 7 décembre 2000, Telaustria : AJDA 2001, 106, note L. Richer).

II. Les critères distinctifs de la DSP

En vertu de la loi n° 2001-1168 du 11 décembre 2001, « une délégation de service public est un contrat par lequel une personne morale de droit public confie la gestion d'un service public dont elle a la responsabilité à un délégataire public ou privé, dont la rémunération est substantiellement liée aux résultats de l'exploitation du service. Le délégataire peut être chargé de construire des ouvrages ou d'acquérir des biens nécessaires au service ».

Il s'ensuit que :

- une DSP est un contrat et non un acte unilatéral (CE, 3 mai 2004, n° 249832, Fondation Assistance aux animaux : Dr. adm. 2004, comm. 141, note Glaser), ce qui signifie que la dévolution unilatérale de la gestion d'un service public ne donne pas lieu à des mesures de publicité et de mise en concurrence (v. *infra* **Fiche n° 16**) ;
- une DSP est toujours conclue par une personne publique (État, collectivité territoriale, établissement public territorial ou spécialisé). Plus particulièrement, seule une personne publique peut décider de la dévolution d'un service public. Par contre, le délégataire est, indifféremment, soit une personne publique (dans la limite de ses compétences) soit une personne privée (CE, avis, 8 nov. 2000, n° 222208, Sté Jean-Louis Bernard Consultant : Rec. CE 2000, p. 492, concl. C. Bergeal) ;
- une DSP est toujours un contrat administratif, les critères organique (présence d'une personne publique) et matériel (exécution même d'un service public) étant remplis ;
- une DSP porte sur la gestion et l'exploitation d'un service public, et non simplement sur une prestation particulière ou isolée. Ainsi, les contrats

qui n'ont pour but que de fournir à l'Administration les moyens du service public ou de faire simplement participer le cocontractant de la collectivité publique au service public, ne constituent pas des délégations de service public ;

- une DSP fait peser sur le délégataire un risque d'exploitation (CE, 5 juin 2009, n° 298641, Sté Avenance Enseignement-Santé) ;
- une DSP peut imposer la construction d'ouvrages ou l'acquisition de biens nécessaires au service.

III. Les différentes conventions de DSP

La notion de DSP recouvre plusieurs formes de montages contractuels pratiqués depuis longtemps par les personnes publiques afin de leur imposer la réalisation de mesures de publicité et de mises en concurrence préalables à leur passation. En particulier, une convention de DSP peut prendre la forme :

– d'une concession

À l'origine, la concession permettait la réalisation d'un ouvrage, généralement de grande importance : une collectivité publique chargeait son cocontractant de construire un ouvrage, puis ce dernier l'exploitait à ses frais et risques. C'est ainsi que furent financées, par exemple, la réalisation du Canal du Midi par Pierre-Paul Riquet et les premières infrastructures ferroviaires.

Puis, l'objet de ces concessions s'est étendu à la prise en charge d'une activité de service public, toujours aux « risques et périls » du concessionnaire, à charge pour celui-ci de construire les ouvrages publics nécessaires à l'exploitation du service.

Ici, le concessionnaire est rémunéré par les usagers.

– d'un affermage

Dans ce type de montage, le fermier est chargé d'exploiter le service sans, en principe, avoir à financer la réalisation des ouvrages nécessaires à l'exploitation. Comme en matière de concession, le fermier est rémunéré par les usagers.

De façon pragmatique, la jurisprudence admet qu'un contrat d'affermage puisse imposer au cocontractant le financement des ouvrages lorsque ce financement est nettement inférieur à celui apporté par la personne publique (CE, 29 avr. 1987, Cne Élancourt : Rec. CE 1987, p. 153).

– d'une régie intéressée

À la différence de la concession et de l'affermage, le régisseur est rémunéré par la collectivité et non par l'usager. Malgré cette rémunération assurée par la personne publique (qui rapprocherait la régie intéressée du marché public), ce contrat est également conclu aux risques et périls du régisseur puisque sa rémunération est substantiellement liée aux résultats de l'exploitation (CE, 30 juin 1999, Synd. mixte traitement ordures ménagères centre-ouest Seine-et-Marnais).

IV. Le régime des biens dans les DSP

Le régime des biens est l'une des spécificités des DSP. En particulier, la jurisprudence distingue entre les biens de retour, les biens de reprise et les biens propres.

Dans un important arrêt d'assemblée (CE, ass., 21 déc. 2012, n° 342788, cne Douai : Contrats-Marchés publ. 2013, comm. 41, note G. Eckert), le Conseil d'État a précisé que les **biens de retour** sont ceux, meubles ou immeubles, qui sont nécessaires au fonctionnement du service public. La personne publique en est propriétaire dès leur acquisition ou leur achèvement par le délégataire, ce dernier n'ayant sur ces biens qu'un droit exclusif de jouissance. Par conséquent, ces biens font gratuitement retour au délégant au terme du contrat.

Quant aux **biens de reprise**, ils sont la propriété du délégataire pendant l'exécution du contrat et, au terme de celui-ci, ils peuvent être acquis par le délégant. Ce droit d'option résulte du fait que les biens de reprise sont utiles au service public sans pour autant être indispensables au bon fonctionnement du service public.

Enfin, les **biens propres** demeurent la propriété du délégataire.

À retenir

- La notion de DSP est apparue récemment, mais elle recouvre des montages contractuels pratiqués depuis longtemps (concession de service public, affermage, régie intéressée).
- L'institution de la notion de DSP a eu pour finalité d'imposer une mise en concurrence lors de la passation de ces contrats.
- Le régime des biens dans les DSP connaît une spécificité tenant à la distinction entre les biens de retour, les biens de reprise et les biens propres.

Pour en savoir plus

- Ph. Cossalter, *Les concessions à durée endogène* : Dr. adm. 2006, doctr. 9.
- J.-F. Sestier, *Retour sur la question des biens de retour* : BJCP 2006, p. 327.
- L. Weyer, *Délégation de service public en pratique* : Régime juridique - Passation – Exécution, éd. Le Moniteur 2014.

Pour s'entraîner

Un centre hospitalier universitaire (CHU) a lancé un avis d'appel public à la concurrence en vue de passer un contrat portant sur des prestations de mise à disposition des patients d'abonnements de télévision, de téléphone et d'accès à internet. Il convient de préciser que le CHU souhaite que son cocontractant assure à titre gracieux la diffusion de programmes de télévision sur les téléviseurs situés dans les zones collectives des hôpitaux, ainsi que dans certaines chambres, notamment en pédiatrie. Enfin, ce prestataire se rémunérera sur les recettes d'exploitation des services. S'agit-il d'une délégation de service public ?

Corrigé

En premier lieu, le fait de confier à un cocontractant une activité consistant à mettre en œuvre l'ensemble des moyens et activités permettant d'assurer la communication des patients avec l'extérieur selon des modes adaptés à leurs besoins actuels, constitue bien une mission d'intérêt général (CE, 7 mars 2014, n° 372897).

En deuxième lieu, la rémunération du cocontractant est ainsi substantiellement liée aux résultats de l'exploitation, le contrat étant exécuté aux risques et périls du délégataire. Le critère financier est donc rempli.

Par conséquent, eu égard à la nature de l'activité concernée, à son organisation, aux obligations imposées au cocontractant, le CHU doit être regardé comme ayant entendu confier à son cocontractant la gestion d'un service public.

La passation des délégations de service public

Fiche **16**

Définitions

Délégation de service public au sens de la loi Sapin : contrat par lequel une personne morale de droit public confie la gestion d'un service public dont elle a la responsabilité à un délégataire public ou privé, dont la rémunération est substantiellement liée aux résultats de l'exploitation du service. Le délégataire peut être chargé de construire des ouvrages ou d'acquérir des biens nécessaires au service.

Concession de travaux au sens de la directive du 26 février 2014 : contrat conclu par écrit et à titre onéreux par lequel un ou plusieurs pouvoirs adjudicateurs ou entités adjudicatrices confient l'exécution de travaux à un ou à plusieurs opérateurs économiques, la contrepartie consistant soit uniquement dans le droit d'exploiter les ouvrages qui font l'objet du contrat, soit dans ce droit accompagné d'un prix.

Concession de service au sens de la directive du 26 février 2014 : contrat conclu par écrit et à titre onéreux par lequel un ou plusieurs pouvoirs adjudicateurs ou entités adjudicatrices confient la prestation et la gestion de services autres que l'exécution de travaux à un ou à plusieurs opérateurs économiques, la contrepartie consistant soit uniquement dans le droit d'exploiter les services qui font l'objet du contrat, soit dans ce droit accompagné d'un prix.

La loi n° 93-122 du 29 janvier 1993, relative à la transparence économique et à la lutte contre la corruption (dite loi Sapin) a institué un régime de passation des délégations de service public. Ce régime est codifié aux articles L. 1411-1 et suivants du code général des collectivités territoriales pour les collectivités territoriales (**I.**).

Concernant le droit européen, alors que les concessions de service (et non de travaux car ces dernières étaient régies par un régime analogue à celui des marchés publics) n'étaient soumises qu'à une « obligation de transparence » découlant du principe de non-discrimination consacrée par le traité (CJCE, 7 décembre 2000, Telaustria : AJDA 2001, 106, note L. Richer), la passation de ces dernières est maintenant encadrée par la directive du 26 février 2014 relative aux contrats de concession que les Etats devront avoir transposée en avril 2016 (**II.**).

C'est de ces régimes dont il sera ici question.

I. La loi Sapin

A. Les opérations exclues du champ d'application de la loi

Afin de « moraliser » la vie des affaires et la gestion publique, le législateur a entendu, avec la loi Sapin, soumettre de façon obligatoire l'ensemble des délégations de service public à des obligations de mise en concurrence. Avant cette loi, les conventions de concessions de service public ou d'affermage n'étaient soumises à aucune obligation particulière et étaient conclues librement. Aussi certaines d'entre elles ont pu être attribuées à des sociétés « amies », non sans parfois quelques discrètes et illégales contreparties.

Pour autant, le législateur n'a pas entendu soumettre l'ensemble des délégations de service public à des obligations formalisées.

En application de l'article 41 de la loi du 29 janvier 1993 (et art. 1411-12 du CGCT pour les dispositions intéressant les collectivités territoriales), une délégation de service public ne fait pas l'objet d'une procédure formalisée de publicité et de mise en concurrence lorsque :

- la loi institue un monopole au profit d'une entreprise ;
- ou lorsque ce service est confié à un établissement public ou à une société publique locale sur lesquels la personne publique exerce un contrôle comparable à celui qu'elle exerce sur ses propres services et qui réalisent l'essentiel de leurs activités pour elle, à condition que l'activité déléguée figure expressément dans les statuts de l'établissement ou de la société ;
- ou lorsque le montant des sommes dues au délégataire pour toute la durée de la convention n'excède pas 106 000 euros ou que la convention couvre une durée non supérieure à trois ans et porte sur un montant n'excédant pas 68 000 euros par an. Toutefois, dans ce cas, le projet de délégation est soumis à une publicité préalable ;
- ou lorsque la délégation constitue un mandat de gérance de logements locatifs sociaux confiée à un organisme d'habitations à loyer modéré.

B. Les principes généraux de la loi Sapin

Le législateur a fixé un certain nombre de principes cardinaux aux obligations de publicité et de mise en concurrence, à savoir :

- principe de l'égalité de traitement : aucun délégataire ne doit bénéficier d'un quelconque droit de préférence ;

- principe de la libre négociation ;
- principe de l'interdiction des clauses par lesquelles le délégataire prend à sa charge l'exécution de services ou de paiements étrangers à l'objet de la délégation ;
- principe d'interdiction des droits d'entrée et des redevances versées par le délégataire à la collectivité délégante quand la délégation concerne l'eau potable, l'assainissement ou les ordures ménagères et autres déchets.

C. La procédure de passation

Concernant le choix de recourir à une délégation de service public

Si une collectivité territoriale peut librement décider de recourir à une délégation de service public, il reste qu'une décision de principe doit être adoptée sur le principe même du recours à une délégation de service public.

L'article L. 1411-4 du code général des collectivités territoriales prévoit que l'assemblée délibérante se prononce après avoir recueilli l'avis de la commission consultative des services publics locaux et qu'elle statue au vu d'un rapport présentant le document contenant les caractéristiques des prestations que doit assurer le délégataire.

Publicité sur le projet de délégation

Deuxième temps de la procédure, il doit être procédé à une publicité (CGCT, art. L. 1411-4) « permettant la présentation de plusieurs offres concurrentes » (CGCT, art. L. 1411-1).

Cette publicité doit obligatoirement préciser les caractéristiques essentielles de la convention envisagée (objet, nature etc. - CGCT, art. R. 1411-1).

En outre, l'autorité responsable de la personne publique délégante doit faire insérer cette publicité dans une publication habilitée à recevoir des annonces légales et dans une publication spécialisée correspondant au secteur économique concerné (CGCT, art. R. 1411-1).

Il convient de préciser que, pour les « petites » DSP, cette publicité est allégée. Ainsi, pour les délégations dont le montant des sommes dues au délégataire n'excède pas 106 000 euros (ou dont la durée n'est pas supérieure à trois ans et porte sur un montant n'excédant pas 68 000 euros par an), la publicité est valablement faite soit par une insertion dans une publication habilitée à recevoir des annonces légales, soit par une insertion dans une publication spécialisée correspondant au secteur économique concerné. En tout état de cause, cette publicité mentionnera également l'objet et la nature de l'opération (CGCT, art. R. 1411-2).

Examen des offres et choix du délégataire

Suite à la publicité, le délégant doit recevoir des offres.

Dans un premier temps, est établie la liste des candidats qui sont admis à négocier. En particulier, sont examinés les garanties professionnelles, le respect de leur obligation d'emploi de travailleurs handicapés, leur aptitude à assurer la continuité du service en cause et à respecter l'égalité des usagers de ce dernier afin d'établir une présélection.

Ensuite, la collectivité adresse à chacun des candidats un document définissant les caractéristiques des prestations ainsi que, s'il y a lieu, les conditions de tarification du service rendu à l'usager (CGCT, art. L. 1411-1).

Les candidats présenteront alors leur offre et la personne publique délégante choisira ceux des candidats admis à présenter une offre avec qui elle entend négocier (CE, 23 mai 2008, n° 306153, Musée Rodin).

Cette phase n'est soumise à aucune formalité particulière et elle échappe donc au rigorisme du code des marchés publics.

Enfin, une fois les négociations achevées, le représentant de la personne publique arrête son choix et, dans les collectivités territoriales, le soumet à l'assemblée délibérante.

D. Contrôles et contentieux

La procédure de passation des DSP fait l'objet de multiples contrôles :

Contrôle administratif, d'abord.

En effet, l'assemblée délibérante dispose d'un droit de regard sur les décisions prises par l'exécutif local et elle peut bloquer le processus de passation.

En outre, le représentant de l'État le représentant de l'État peut saisir le juge administratif de la légalité de ces décisions.

Un administré peut demander au représentant de l'État de mettre en œuvre la procédure du contrôle administratif précitée (CGCT, art. L. 2131-8, L.3132-3, L. 4142-3, LO 6152-2, LO 6242-2, LO 6342-2, LO 6452-2), soit saisir lui-même le juge.

Contrôle juridictionnel à l'initiative d'un concurrent évincé.

Si un concurrent estime que sa candidature ou son offre ont été écartées dans des conditions irrégulières, celui-ci pourra saisir le juge administratif soit d'un référé précontractuel (CJA, art. L. 551-1 et L. 551-2), soit d'un recours au fond (CE, 16 juill. 2007, n° 291545, Sté Tropic Travaux Signalisation Guadeloupe) (V. *infra*, **Fiches 25 et 27**).

II. La directive du 26 février 2014

1. D'une manière générale, l'autorité délégante n'est pas tenue de suivre une procédure spécifique, comme en matière de marchés publics. La directive garantit donc une certaine souplesse aux collectivités délégantes. Seuls quelques principes devront être respectés, à savoir :

- publier un avis au *Journal officiel* de l'Union européenne fournissant une description de la concession et définissant, notamment, les conditions à remplir pour participer à la procédure d'attribution ;
- garantir l'égalité de traitement de tous les candidats ;
- définir des critères d'attribution non discriminatoires et liés à l'objet de la concession ;
- interdiction de modifier, lors de la phase de négociation (si l'autorité délégante a fait le choix de négocier...), l'objet même de la concession.

2. La directive s'applique uniquement aux contrats de concession dont la valeur est égale ou supérieure à 5 millions d'euros. Afin de calculer la valeur de la concession, l'autorité délégante devra prendre en compte le chiffre d'affaires total du concessionnaire généré pendant la durée du contrat, hors TVA.

3. Enfin, certaines concessions sont exclues du champ d'application de cette directive et, par exemple :

- les concessions attribuées pour l'eau potable ;
- les concessions portant sur l'évacuation ou le traitement des eaux usées ;
- les concessions portant sur des projets de génie hydraulique, d'irrigation ou de drainage ;
- les concessions attribuées pour des services d'intérêt économique général dans le domaine du transport public de passagers par chemin de fer et par route, notamment.

Ces derniers contrats n'en demeureront pas moins soumis aux principes généraux issus du traité, tels le principe de non-discrimination ou de transparence (CJCE, 7 décembre 2000, aff. C-324/98).

À retenir

- Revenant radicalement sur la situation antérieure, la loi Sapin de 1993 impose une procédure de publicité et de mise en concurrence des délégations de service public, sauf dans des hypothèses strictement définies.
- Les obligations de publicité et de mise en concurrence sont beaucoup moins rigoureuses qu'en matière de marché public.
- Malgré la souplesse des obligations de publicité et de mise en concurrence, la procédure de passation des délégations de service public peut faire l'objet de nombreux contrôles.

Pour en savoir plus

- C. de Aranjo, *Les principes fondamentaux et règles jurisprudentielles de la procédure de délégation d'un service public local* : AJDA 13 avr. 2009, p. 690.
- Étude par G. Kalfleche, *Les concessions : faut-il avoir peur du rapprochement avec les marchés ?* Cts et MP n° 6, juin 2014, dossier 4.

Pour s'entraîner

1) ***Une commune a souhaité confier à un prestataire la construction et l'exploitation d'un crématorium et d'un jardin cinéraire. À cette fin, elle a fait paraître des avis d'appel à candidatures au bulletin officiel des annonces des marchés publics, dans un quotidien local et dans une revue spécialisée. Ces avis étaient intitulés « Passation d'une délégation de service public », mais ils utilisaient parfois les notions de « marché public » et de « pouvoir adjudicateur » dans la description de l'opération contractuelle. Une entreprise dont l'offre a été rejetée considère que l'emploi de ces notions constitue une ambiguïté susceptible d'induire en erreur les candidats. Qu'en pensez-vous ?***
2) ***La commune de A. a confié en 2000 l'exploitation de son casino municipal à la société B. En 2010, la commune décide de recourir à une nouvelle procédure de passation. Elle reçoit deux candidatures, celle du délégataire sortant et celle de la société C. Après examen des dossiers, c'est la candidature du délégataire sortant qui est retenue. En effet, en matière de jeux, il nécessaire de se prévaloir d'une autorisation du ministère de l'intérieur. Or le ministre de l'intérieur, lorsqu'il était saisi d'une demande d'autorisation de jeux par un nouvel exploitant, avait comme pratique constante d'accorder d'abord une autorisation portant sur les seuls jeux de tables, puis après une année d'exploitation du casino, une autorisation d'exploiter des appareils de jeux automatiques (machines à sous). Par conséquent, la commune a considéré que, la société C. ne pouvant exploiter toutes les activités de casino, cela générerait une perte de revenu importante pour la collectivité. Pensez-vous que la commune a correctement raisonné ?***

Corrigé

1) Effectivement, l'utilisation de notions attachées au droit des marchés publics pourrait être de nature à induire en erreur les candidats et à justifier une annulation par le juge. Pour autant, il a été jugé que si l'avis d'appel public à candidatures a emprunté des termes au vocabulaire des marchés publics, il n'a pas fait naître une ambiguïté susceptible d'induire en erreur les candidats potentiels, dès lors que le titre de l'avis et l'utilisation systématique des mentions délégation de service public ou concession étaient de nature à exclure toute ambiguïté (CE, 4 févr. 2009, n° 312411, Communauté urbaine Arras).

2) En premier lieu, la commune pouvait valablement exiger la possession d'une autorisation de jeux pour les candidats à la délégation. Toutefois, l'application à la société C. d'une période « probatoire » était susceptible de porter atteinte de façon excessive à l'égalité des deux candidats dans la présentation de leurs offres. Aussi la commune a-t-elle rompu le principe d'égalité entre les candidats (CE, 10 mars 2006, n° 264098, n° 264123, n° 268524, Cne Houlgate et Sté exploitation casino Houlgate).

Les conventions domaniales

Fiche **17**

Définitions

Domaine public/Domaine privé : lorsqu'un bien appartenant à une personne publique est affecté à l'usage direct du public affecté à un service public (pourvu qu'en ce cas il fasse l'objet d'un aménagement indispensable à l'exécution des missions de ce service public), il est incorporé au domaine public et il est alors soumis à un régime exorbitant (inaliénabilité, imprescriptibilité et précarité de l'occupation). Dans le cas contraire, ce bien est incorporé au domaine privé et il est soumis à un régime analogue à celui des biens privés.

Droit réel : droit sur une chose (par opposition au droit personnel).

Bail emphytéotique : contrat de longue durée issu du code rural, portant un bien immeuble et qui confère au preneur un droit réel susceptible d'hypothèque.

Il conviendra d'envisager, d'abord, la notion (**I.**), puis le régime (**II.**) des conventions domaniales.

I. La notion de convention domaniale

Si les conventions domaniales sont extrêmement diverses dans leur objet (**A.**), il convient de mettre à part le cas spécifique des conventions domaniales constitutives de droits réels sur le domaine public (**B.**).

A. Des conventions aux objets divers

Les conventions domaniales sont extrêmement diverses. Sans prétendre à l'exhaustivité, les conventions domaniales permettent, notamment, :

- la mise à disposition de biens entre l'État et les collectivités territoriales. En particulier, les articles 19 et s. de la loi n° 83-8 du 7 janvier 1983 *relative à la répartition des compétences entre les communes, les départements, les régions et l'État* ont organisé des mises à disposition, par voie de convention, accompagnant les transferts de compétences de l'État aux collectivités locales ;

- une occupation du domaine privé, par exemple, sous la forme d'un bail commercial ou d'un bail rural ;
- d'endiguer le domaine public maritime (art. L. 2111-4 du code général de la propriété des personnes publiques) ;
- l'occupation d'une plage afin d'y exploiter une activité économique (art. L. 2124-4 du code général de la propriété des personnes publiques) ;
- d'établir et d'exploiter des installations (fixes ou mobiles) pour la manutention des marchandises dans les ports (maritimes ou fluviaux) ou les aéroports ;
- d'autoriser l'inhumation d'une personne dans un cimetière communal (concession funéraire).

Par ailleurs, il convient de préciser que les conventions domaniales sont souvent l'accessoire de montages contractuels complexes puisqu'elles peuvent être liées à un marché public ou à une délégation de service public pour en permettre l'exécution.

B. Le cas spécifique des conventions domaniales constitutives de droits réels sur le domaine public

1. En principe, toute occupation du domaine public est précaire et révocable (art. L2122-3 du code général de la propriété des personnes publiques). Il s'ensuit que, à tout moment, l'autorité gestionnaire peut mettre fin à cette occupation. C'est pourquoi une convention domaniale sur le domaine public ne saurait, en principe, créer des droits réels au profit de l'occupant ou interdire à l'administration de résilier le contrat (CE, 6 mai 1985, Assoc. Eurolat : RFD adm. 1986, p. 21, concl. Genevois).

Toutefois, cette solution qui résultait de l'application des principes classiques de la domanialité publique est apparue comme particulièrement inadapté lorsque le cocontractant de l'administration est amené à supporter d'importants investissements.

C'est ainsi que le législateur, puisant dans le code rural, est intervenu pour autoriser la conclusion par les collectivités territoriales et les établissements publics locaux de baux emphytéotiques (art. 13 de la loi n° 88-13 du 5 janvier 1988 d'amélioration de la décentralisation).

2. Selon les dispositions de l'article L. 451-1 du code rural et de la pêche maritime, « *le bail emphytéotique de biens immeubles confère au preneur un droit réel susceptible d'hypothèque ; ce droit peut être cédé et saisi dans les formes prescrites pour la saisie immobilière. Ce bail doit être consenti pour plus de dix-huit années et ne peut dépasser quatre-vingt-dix-neuf ans ; il ne peut se prolonger par tacite reconduction.* »

3. En raison du succès de ce montage contractuel, les types de baux emphytéotiques sur le domaine public se sont multipliés et, en particulier, pour :

- les besoins de la justice de la police ou de la gendarmerie (Loi n° 2002-1094 du 29 août 2002 d'orientation et de programmation pour la sécurité intérieure) ou pour les besoins du service départemental d'incendie et de secours (art. 125 de la Loi n° 2005-1720 du 30 décembre 2005 de finances rectificative pour 2005) ;
- pour l'affectation à une association cultuelle d'un édifice du culte ouvert au public (art. L. 1311-2 du Code général des collectivités territoriales) ;
- les besoins des établissements publics de santé (art. L. 6148-2 du code de la santé publique) ;
- la réalisation de logements sociaux (art. 7 de la loi n° 2009-179 du 17 février 2009 pour l'accélération des programmes de construction et d'investissement publics et privés) ;
- et pour la valorisation du patrimoine immobilier (art. 11 de la loi n° 2010-853 du 23 juillet 2010 relative aux réseaux consulaires, au commerce, à l'artisanat et aux services).

4. Concernant les cocontractants de l'État, la possibilité de détenir un droit réel sur le domaine public avait été ouverte par la loi du 25 juillet 1994. Actuellement, l'article L. 2122-6 du code général de la propriété des personnes publiques prévoit que le titulaire d'une autorisation d'occupation temporaire du domaine public de l'État a, sauf prescription contraire de son titre, un droit réel sur les ouvrages, constructions et installations de caractère immobilier qu'il réalise pour l'exercice d'une activité autorisée par ce titre. Ce droit réel confère à son titulaire, en principe, les prérogatives et obligations du propriétaire.

5. En tout état de cause, malgré l'attribution d'un droit réel, les personnes publiques disposent d'un pouvoir de résiliation unilatérale et la stipulation selon laquelle le bailleur peut résilier unilatéralement le contrat ne saurait lui faire perdre sa nature de bail emphytéotique (CE, sect., 25 févr. 1994 SA SOFAP-Marignan Immobilier n° 69-445 : CJEG 1994, p. 569, note E. Fatôme et P. Terneyre).

II. Le régime des conventions domaniales

L'objet de ce paragraphe est d'aborder les éléments de spécificité des conventions domaniales et, en particulier, la nature des conventions domaniales (**A.**), leur passation (**B.**) et leur exécution (**C.**).

A. La nature des conventions domaniales

Jusqu'en 1938, la jurisprudence appliquait les critères classiques du contrat administratif, considérant qu'une convention domaniale pouvait être un contrat de droit privé ou un contrat administratif.

Suite au décret-loi du 17 juin 1938 (DP 1938, 4, p. 323), tous les contrats portant occupation du domaine public sont considérés comme des contrats administratifs, principe qu'a récemment confirmé l'article L. 2331-1 du code général de la propriété des personnes publiques.

B. La passation des conventions domaniales

1. Concernant les contrats emportant occupation du domaine privé, ils n'ont pas à être précédés d'une publicité et faire l'objet d'une mise en concurrence (CE, 12 juin 1998, Grein : Dr. adm. 1998, comm. n° 275).

2. Concernant les contrats emportant occupation du domaine public, le code général de la propriété des personnes publiques n'impose pas, non plus, de publicité et de mise en concurrence.

Quant à la jurisprudence, elle a affirmé dans l'arrêt de section « Ville de Paris et Association Paris Jean Bouin » que « *aucune disposition législative ou réglementaire ni aucun principe n'imposent à une personne publique d'organiser une procédure de publicité préalable à la délivrance d'une autorisation ou à la passation d'un contrat d'occupation d'une dépendance du domaine public, ayant dans l'un ou l'autre cas pour seul objet l'occupation d'une telle dépendance ; qu'il en va ainsi même lorsque l'occupant de la dépendance domaniale est un opérateur sur un marché concurrentiel* » (CE, sect., 3 déc. 2010, n° 338272 et n° 338527, Ville Paris et Assoc. Jean Bouin : BJCL 2011, p. 315, note F. Hoffmann).

Pourtant, dans l'exercice de ses fonctions consultative, le Conseil d'État avait préconisé une solution inverse (Conseil d'État, Rapp. annuel « Collectivités publiques et concurrence » : Doc. fr., EDCE n° 53, p. 380).

Exceptionnellement toutefois, des mesures de publicité et de mise en concurrence peuvent être prises pour la passation d'une convention domaniale.

D'abord, lorsque la convention est couplée avec une délégation de service public ou un marché public, ou lorsque la convention domaniale peut être qualifiée de marché public au sens des directives européennes (CE, 10 juin 1994, n° 141633, Cne Cabourg : Rec. CE 1994, p. 300).

Ensuite, après que le Conseil d'État ait jugé qu'une concession de plage avait la nature d'une délégation de service public (CE, 21 juin 2000, n° 212100 et n° 212101, SARL plage chez Joseph), les articles L. 1411-1 et suivants du Code général des collectivités territoriales sont intervenus pour instituer un régime de passation pour ce type de contrat.

Enfin, les autorités gestionnaires ont toujours la faculté d'organiser, sans y être obligées, une procédure formalisée de mise en concurrence. Dans ce cas, toute illégalité est sanctionnable.

C. L'exécution des conventions domaniales

1. En principe, toute occupation du domaine public est subordonnée au paiement d'une redevance et il appartient à l'autorité chargée de la gestion du domaine public de fixer, tant dans l'intérêt du domaine et de son affectation que dans l'intérêt général, les conditions auxquelles elle entend subordonner les autorisations d'occupation (CE, 21 oct. 1983, Bricard, req. n° 36367).

Le Conseil d'État a même récemment considéré que l'État, « en sa qualité de propriétaire du domaine », pouvait décider par décret d'une augmentation importante et immédiate du montant des redevances afin d'« assurer une meilleure exploitation du domaine public » (CE, 16 déc. 2013, n° 369304, Sté des autoroutes Esterel, Côte d'Azur, Provence, Alpes (ESCOTA) : Contrats-Marchés publ. 2014, comm. 63, note G. Eckert).

2. Conformément aux « *règles générales applicables aux contrats administratifs* », l'administration peut modifier unilatéralement le contrat (CE, 5 mai 2010, n° 301420, Bernard) et le résilier, même pour un simple motif d'intérêt général.

Sur ce dernier point, le Conseil d'État a précisé que « *si l'autorité domaniale peut mettre fin avant son terme à un contrat portant autorisation d'occupation du domaine public pour un motif d'intérêt général et en l'absence de toute faute de son cocontractant, ce dernier est toutefois en droit d'obtenir réparation du préjudice résultant de cette résiliation unilatérale dès lors qu'aucune stipulation contractuelle n'y fait obstacle* » (CE, 31 juill. 2009, n° 316534, Sté Jonathan Loisirs).

À retenir

- Les conventions domaniales ont des objets particulièrement diversifiés et elles constituent souvent l'accessoire d'opérations contractuelles complexes.
- Malgré le principe de la précarité de l'occupation du domaine public, l'occupant peut être titulaire de droits réels susceptibles de pérenniser le contrat.
- Contrairement aux principaux contrats administratifs (marché public, délégation de service public), les conventions domaniales connaissent des spécificités qui tiennent notamment à l'absence d'obligation de publicité et de mise en concurrence au moment de leur passation.

Pour en savoir plus

- O. de David Beauregard-Berthier, *Fonds de commerce et domaine public* : AJDA 2002, p. 792.
- P. Delvolvé, *L'utilisation privative des biens publics* : RFD adm. 2009, p. 229.

Pour s'entraîner

Une région de bord de mer a créé un centre d'application aquacole dont la gestion a été confiée à une association. Cette dernière a conclu avec une EURL une convention dont l'objet était d'autoriser l'EURL à occuper des infrastructures et des installations de production du centre. Quelle est la nature juridique de cette seconde convention ?

Corrigé

Aux termes de l'article L. 2331-1 du code général de la propriété des personnes publiques, sont portés devant la juridiction administrative les litiges relatifs aux autorisations ou contrats comportant occupation du domaine public, quelle que soit leur forme ou leur dénomination, accordées ou conclus par les personnes publiques ou leurs concessionnaires.

Cette dernière notion de « concessionnaire », issue de l'article 1er du décret-loi du 17 juin 1938, est interprétée comme ne visant que les concessionnaires de service public (T. confl., 10 juill. 1956, Sté des Steeple-chases de France : Rec. CE 1956, p. 587) et plus généralement aujourd'hui les délégataires de service public.

En l'espèce, il semble bien qu'ait été confié une délégation de service à cette association en tant qu'il lui a été confié la mission de développer l'aquaculture.

En outre, les infrastructures et installations du centre, qui sont la propriété de la région et qui paraissent avoir fait l'objet d'un aménagement indispensable en vue de l'exercice de la mission de service public, sont des dépendances domaniales.

Dès lors, le contrat conclu entre l'association et l'EURL serait donc un contrat administratif, alors même qu'il a été conclu entre deux personnes privées (Sur une affaire approchante, v. T. confl., 9 déc. 2013, n° 3925, EURL Aquagol).

Les critères de distinction des principaux contrats administratifs

Fiche 18

Définitions

Marché public : contrat conclu à titre onéreux entre un pouvoir adjudicateur et un opérateur économique public ou privé, pour répondre à leurs besoins en matière de travaux, de fournitures ou de services.

Délégation de service public : contrat par lequel une personne morale de droit public confie la gestion d'un service public dont elle a la responsabilité à un délégataire public ou privé dont la rémunération est substantiellement liée aux résultats du service.

Contrat de partenariat : contrat par lequel une personne publique confie à un tiers une mission globale ayant pour objet la construction ou la transformation, l'entretien, la maintenance, l'exploitation ou la gestion d'ouvrages, d'équipements ou de biens immatériels nécessaires au service public, ainsi que tout ou partie de leur financement à l'exception de toute participation au capital.

Concession domaniale : contrat par lequel l'autorité gestionnaire autorise l'occupation d'une dépendance du domaine public ou privé.

Pendant longtemps, l'enjeu de la qualification des contrats de l'administration était celui de la répartition des litiges entre le juge judiciaire et le juge administratif.

Actuellement, en raison du développement de règles de passation propres à certaines catégories de contrats administratifs, il est également devenu nécessaire d'établir des critères précis pour distinguer entre les contrats administratifs afin de déterminer le régime juridique applicable. Outre que ce phénomène conduit à l'émergence d'un droit spécial des contrats administratifs, il favorise également le contentieux.

L'on envisagera à cette fin, d'abord, la distinction du marché public et de la délégation de service public (**I.**), puis la distinction du marché public et des contrats de partenariat (**II.**) et, enfin, la distinction du marché public et de la concession domaniale (**III.**).

I. La distinction du marché public et de la délégation de service public

1. La distinction du marché public et de la délégation de service public n'est pas un problème récent puisque la passation des marchés publics a toujours été réglementée, à la différence des concessions de service public qui ne l'ont été que bien plus récemment suite à l'intervention de la loi Sapin du 29 janvier 1993 qui a eu pour objet d'établir des obligations de publicité et de mise en concurrence préalable à la conclusion d'une délégation de service public (v. *supra* **Fiche n° 14**).

2. Pour distinguer entre un marché public et une concession de service public, la jurisprudence s'en tenait à deux critères :

- un critère matériel : dans une concession de service public, le cocontractant assure la gestion de tout un service public, tandis que dans un marché public, il n'assure que des prestations de travaux, de fournitures ou de services ;
- un critère financier : dans un marché public, le cocontractant est rémunéré par le versement d'un prix et, dans une concession de service public, ce sont les usagers qui le rémunèrent (CE, 11 décembre 1963, Ville de Colombes).

Or ces critères sont devenus insuffisants. Le premier parce que la notion de service public est extrêmement fluctuante. Le second parce que, à partir des années 1990, les collectivités publiques ont prévu, pour chaque contrat, des sources diversifiées de rémunération pour leurs cocontractants (prix + redevances par exemple).

3. Dans ces conditions, le Conseil d'État, dans un arrêt en date du 15 avril 1996 (CE, 15 avr. 1996, n° 168325, Préfet des Bouches-du-Rhône : RFD adm. 1996, p. 715, concl. Chantepy, note Ph. Terneyre), a précisé que la délégation de service public supposait que la rémunération du cocontractant soit « substantiellement assurée par les résultats de l'exploitation ».

Dès lors, il n'est pas interdit qu'un délégataire de service public reçoive de l'administration contractante des paiements, à la condition toutefois que, au final, sa rémunération globale soit assurée de façon substantielle par les résultats de son exploitation. Autrement dit, si le cocontractant ne supporte pas un risque financier du fait de l'exécution du contrat, il n'a conclu qu'un marché public.

Non sans surprendre les observateurs et les acteurs, le législateur est intervenu en 2001 pour définir la notion de délégation de service public. Selon les dispositions de l'article 3 de la loi du 11 décembre 2001 (dite loi « MURCEF »), « Une délégation de service public est un contrat par lequel une personne morale de droit public confie la gestion d'un service public dont elle a la responsabilité à un délégataire public ou privé dont la rémunération est substantiellement liée aux résultats du service. Le délégataire peut être chargé de construire des ouvrages ou d'acquérir des biens nécessaires au service ».

Postérieurement à cette loi, le Conseil d'État a explicitement intégré la notion de risque pour déterminer si le cocontractant de l'administration a ou non conclu une délégation de service public (CE, 7 nov. 2008, n° 291794, Dpt de la Vendée : Contrats-Marchés publ. 2008, comm. 296, note G. Eckert).

4. Enfin, il convient de préciser que le critère matériel demeure utilisé par le juge (CE, 8 févr. 1999, n° 150931, Préfet des Bouches-du-Rhône c/ Cne de la Ciotat : AJDA 1999, p. 364, concl. C. Bergeal, note D. Chabanol – CE, 4 nov. 2005, n° 247299, Sté Jean-Claude Decaux : RFD adm. 2005, p. 1083, concl. D. Casas).

Simplement, ce critère ne suffit pas toujours à lui seul à distinguer efficacement un marché public d'une délégation de service public. C'est pourquoi l'essentiel des discussions devant le juge portera sur le mode de rémunération du cocontractant.

II. La distinction du marché public et du contrat de partenariat

L'ordonnance n° 2004-559 du 17 juin 2004 a introduit en droit français une nouvelle espèce de contrat administratif, le contrat de partenariat.

Aux termes de cette ordonnance, « Le contrat de partenariat est un contrat administratif par lequel l'État ou un établissement public de l'État confie à un tiers, pour une période déterminée en fonction de la durée d'amortissement des investissements ou des modalités de financement retenues, une mission globale ayant pour objet la construction ou la transformation, l'entretien, la maintenance, l'exploitation ou la gestion d'ouvrages, d'équipements ou de biens immatériels nécessaires au service public, ainsi que tout ou partie de leur financement à l'exception de toute participation au capital. [...] La rémunération du cocontractant fait l'objet d'un paiement par la personne publique pendant toute la durée du contrat. Elle est liée à des objectifs de performance assignés au cocontractant ».

Il s'ensuit que, contrairement à un marché public, un contrat de partenariat est un contrat « global » qui implique donc, pour le cocontractant, une prise en charge totale de plusieurs prestations tenant à la réalisation et l'exploitation d'un ouvrage. De son côté, en raison notamment du principe d'allotissement (division en plusieurs lots d'une opération) qu'impose le code des marchés publics, un marché public a donc un objet plus limité.

III. La distinction du marché public et des concessions domaniales

1. La distinction entre un marché public et une concession domaniale revêt une importance accrue car les conventions autorisant l'occupation du domaine (public ou privé) ne sont soumises à aucune procédure formalisée de publicité et de mise en concurrence (CE, sect., 3 déc. 2010, n° 338272, Ville Paris et Assoc. Jean Bouin : comm. 17, note F. Brenet et F. Melleray). Par conséquent, ces contrats peuvent être conclus librement.

Classiquement, la concession domaniale se reconnaissait au fait que, contrairement à un marché public, le cocontractant verse à l'administration une redevance en contrepartie de l'occupation d'une dépendance domaniale.

2. Certains contrats administratifs soulèvent de redoutables problèmes de qualification, tels les contrats de mobilier urbain qui autorisent un cocontractant à implanter sur le domaine public, par exemple des abris-bus, et ce gratuitement (tant pour l'administration qui ne verse pas de prix à son cocontractant que pour celui-ci qui est exonéré de redevance d'occupation du domaine public) afin de tirer une rémunération de l'exploitation des espaces publicitaires.

Dans un ancien avis, le Conseil d'État avait qualifié ces contrats de marchés publics (CE, avis, 14 oct. 1980, EDCE 1981, p. 196). Pourtant, dans son rapport public pour 2002, celui-ci avait remis en cause la pertinence de cette qualification considérant que ces contrats n'étaient pas substantiellement différents des délégations de service public.

Puis, par deux arrêts du 4 novembre 2005, le Conseil d'État a expressément qualifié ces contrats de marchés publics et confirmé son avis de 1980 (CE, 4 nov. 2005, n° 247298, Sté Jean-Claude Decaux : RFD adm. 2005, p. 1083, concl. D. Casas). D'abord, en raison de leur objet qui est, outre d'autoriser l'occupation du domaine public, « de permettre la réalisation et la fourniture de prestations de service à la commune en matière d'information municipale, de propreté et de protection des usagers des transports publics contre les intempéries ». Ensuite, également du fait de la rémunération du cocontractant, la commune l'autorisant à exploiter, à titre exclusif, la partie du mobilier urbain à des fins publicitaires et l'exonérant de redevance pour occupation du domaine public, ce qui s'analyse en un prix.

Précisant cette jurisprudence, la Haute juridiction a jugé en 2013 (CE, 15 mai 2013, Ville de Paris, n° 364593), concernant une convention ayant pour objet l'installation et l'exploitation de 550 colonnes et 700 mâts porte-affiches destinées à l'affichage d'informations culturelles, qu'il ne s'agissait pas d'un marché public.

Selon le Conseil d'État, si cette dernière convention répondait à un intérêt général s'attachant à la promotion d'activités culturelles, celle-ci ne concernait toutefois pas des activités menées par les services municipaux, ni exercées pour leur compte. En conséquence, cette convention ne pouvait être qualifiée de marché public et constituait une simple convention domaniale.

En définitive, c'est en fonction de la nature du service rendu aux usagers que ces contrats seront qualifiés de marché public ou de convention domaniale.

À retenir

- Le droit des contrats administratifs est touché par un phénomène de spécialisation qui conduit à l'émergence de différentes catégories de contrats administratifs.
- Un marché public se distingue d'une délégation de service public en raison de son objet (exploitation d'un service public) et du mode de rémunération du cocontractant de l'administration selon qu'elle implique ou non pour lui un risque d'exploitation.
- Une concession domaniale se distingue, en principe, par l'existence d'un versement par le cocontractant de l'administration à cette dernière et en ce qu'il ne porte pas sur des activités menées par la personne publique contractante.

Pour en savoir plus

- Conseil d'État, *Rapport pour 2002*, « Collectivités publiques et concurrence » : EDCE n° 53, Doc. fr. 2002.
- J.-Cl. Douence, « Le critère financier de la délégation de service public à l'épreuve de la pratique contractuelle » : in *Mél. Moderne*, Dalloz, 2004, p. 501.

Pour s'entraîner

La commune de A. a confié à la société B. la conception, la construction et l'équipement d'une cuisine centrale, ainsi que la gestion du service public de la restauration scolaire et municipale de la ville. Selon les termes du contrat, la rémunération de la société était assurée principalement par des redevances qui étaient perçues directement auprès des usagers des restaurants scolaires et municipaux, des centres de loisirs maternels et des personnes âgées. Il était également précisé que les parties s'engageaient également sur un prix unitaire des repas, fixé initialement sur la base de 300 000 repas par an. En outre, dans les cas où le nombre de repas commandés au cours d'un exercice s'avérerait inférieur ou supérieur de plus de 5 % par rapport à la base de référence retenue, le prix unitaire des repas fournis sur l'exercice écoulé serait réajusté en fonction du nombre de repas effectivement commandés. Selon vous, quelle est la nature de ce contrat ?

Corrigé

Il y a d'abord lieu de constater que ce contrat a pour objet la gestion d'un service public la conception, la construction et l'équipement d'une cuisine centrale, ainsi que la gestion du service public de la restauration scolaire et municipale de la commune de A.

Pour autant, l'on peut douter qu'il s'agisse d'une délégation de service public puisque le risque d'exploitation pour le cocontractant est très limité. En effet, le nombre d'usagers, constitués pour l'essentiel d'enfants et de personnes âgées vivant en maisons de retraite, n'était pas susceptible de diminuer de manière substantielle d'une année sur l'autre.

Il ne s'agirait donc pas d'une délégation de service public (pour une affaire analogue : CAA Marseille, 17 janvier 2011, n°08MA00362).

Enfin, si l'on prend en considération que ce contrat ne paraissait pas confier au cocontractant la création et l'exploitation d'un ouvrage, ce contrat n'est vraisemblablement pas un contrat de partenariat.

En définitive, il s'agirait d'un marché public.

La modification du contrat administratif

Fiche **19**

Définitions

Novation : opération juridique par laquelle les parties décident de substituer une obligation nouvelle à une obligation préexistante, cette dernière étant corrélativement éteinte.

Cession de contrat : opération juridique par laquelle un tiers est substitué à l'une des parties au contrat.

En cours d'exécution du contrat, de nombreux événements sont susceptibles de perturber les prévisions des parties. Il est donc souvent nécessaire de modifier le contrat pour s'adapter à une situation nouvelle et garantir ainsi la pérennité de l'opération économique. Ces modifications peuvent aussi bien porter sur les parties au contrat (**I.**) que sur le contenu même du contrat (**II.**).

I. La modification des parties au contrat

Seront ici envisagées la notion de cession (**A.**), l'exigence d'une autorisation préalable (**B.**) et l'éventuelle obligation de mise en concurrence (**C.**).

A. La notion de cession

Bien qu'un contrat ne soit pas entièrement assimilable à une simple chose, ce dernier peut être cédé, aussi bien en droit privé qu'en droit administratif.

La cession de contrat implique la substitution d'un tiers et, corrélativement, le maintien du contrat initial. Ainsi, le contrat ne prend pas fin et le nouveau contractant se voit transférer l'ensemble des droits et obligations qui résultent du contrat initial (CE, sect., 24 mai 974, Sté Paul Millet et Cie : Rec. CE, p. 310).

En pratique, la condition relative à l'existence d'un tiers juridiquement distinct est parfois difficile à appréhender. Ainsi, le Conseil d'État a jugé qu'une cession de droits sociaux n'équivaut pas à une cession du contrat (CE, 4 avril 1997, Sté Ledoyen, req. n° 137065).

B. L'exigence d'une autorisation préalable

En règle générale, la cession du contrat est une opération volontaire qui ne saurait être imposée aux parties.

En effet, toute cession de contrat est conditionnée par l'accord de la personne cédée (CE, 3 mai 1999, SARL Maison Dulac, req. n° 1555825), et ce pour au moins deux raisons :

- d'une part, la nécessité d'une autorisation résulte de la considération qu'une partie ne saurait céder un contrat pour se dispenser de l'exécuter. Autrement, un contractant pourrait impunément échapper au contrat au mépris de sa force obligatoire ;
- d'autre part, cette autorisation permet de s'assurer que le nouveau cocontractant dispose des qualités et des garanties nécessaires à l'exécution d'un contrat administratif. Par exemple, dans le cadre d'une convention de délégation de service public, la personne publique délégante contrôlera ainsi l'aptitude du candidat à garantir la continuité du service public.

Il s'ensuit que, en l'absence d'autorisation, la cession serait inopposable, et le cocontractant qui aurait entendu s'évader du contrat, susceptible de faire l'objet de sanctions contractuelles.

C. L'organisation éventuelle d'une procédure de mise en concurrence

Opération commune au droit privé et au droit administratif, la cession d'un contrat administratif pose un problème spécifique résultant de la présence d'obligations de publicité et de mise en concurrence.

En effet, la cession présente un risque de contournement des obligations de publicité et de mise en concurrence puisqu'il ne faudrait pas que l'administration puisse faire exécuter un contrat par un tiers choisi a posteriori dans des conditions qui ne seraient pas transparentes.

C'est dans ce contexte lié au développement des obligations de publicité et de mise en concurrence qu'une question, hier théorique, a revêtu récemment une importance pratique considérable.

Soit la cession donne naissance à un nouveau contrat et celui-ci devrait donc être soumis à une procédure de publicité et de mise en concurrence.

Soit la cession ne donne pas naissance à un nouveau contrat et il n'est donc pas besoin de réitérer la procédure de passation.

Par un avis en date du 8 juin 2000 (Section des finances, avis n° 364803), le Conseil d'État considère que la cession consistait en la reprise pure et simple des droits et obligations pesant sur le cocontractant initial.

Selon le Conseil d'État, « [...] *la cession d'un marché ou d'une délégation de service public doit s'entendre de la reprise pure et simple, par le cessionnaire qui constitue son nouveau titulaire, de l'ensemble des droits et obligations résultant du précédent contrat. Elle ne saurait être assortie d'une remise en cause des éléments essentiels de ce contrat, tels que la durée, le prix, la nature des prestations et, s'agissant de concessions, le prix demandé aux usagers. Lorsque la modification substantielle de l'un de ces éléments implique nécessairement la conclusion d'un nouveau contrat, ce contrat, même conclu sous forme d'un avenant, doit être soumis aux procédures de publicité et de mise en concurrence préalables, prévues par les dispositions du Code des marchés publics ou de la loi [Sapin]* ».

Par conséquent, pour la jurisprudence, si la cession se borne à opérer une substitution sans modification du contrat (ou sans modification substantielle de celui-ci), il ne pèse sur la collectivité aucune obligation de publicité ou de mise en concurrence parce que cette opération ne donne pas naissance à un nouveau contrat.

Toutefois, la Cour de Justice a développé postérieurement une approche beaucoup plus restrictive. Afin de garantir l'efficacité des procédures de passation des marchés publics, elle a considéré que le changement de cocontractant constitue bien une modification de l'un des termes essentiels du contrat (CECE, 19 juin 2008, Pressetext Nachrichtenagentur GmbH, aff. C-454/06). Dès lors, le changement de cocontractant crée un nouveau contrat et implique l'organisation d'une nouvelle procédure de mise en concurrence.

Il n'y a pour la Cour que deux exceptions : d'une part lorsque la substitution a été prévue par le contrat et, d'autre part, lorsque la cession découle d'une réorganisation interne du cocontractant (par exemple lorsque se substitue au cocontractant l'une de ses filiales).

Dès lors, dans le champ du droit européen des marchés publics, la cession de contrat impose de suivre une procédure formalisée de mise en concurrence.

II. La modification du contenu du contrat

En cours d'exécution, les parties ont la faculté de modifier l'objet du contrat (**A.**) et sa durée (**B.**).

A. La modification de l'objet du contrat

La modification des obligations contractuelle est destinée à répondre aux besoins d'adaptation des parties qui peuvent ressentir la nécessité de modifier le contenu du contrat.

D'un commun accord, les parties ont ainsi la faculté d'adapter l'objet du contrat afin, par exemple, de prévoir des prestations complémentaires (CE, 11 juillet 2008, Ville de Paris).

De son côté, l'administration contractante peut également décider seule une telle modification. En effet, la jurisprudence lui reconnaît un pouvoir de modification unilatérale du contrat (CE, 25 juin 1971, Sté des Établissements Marius Sériées : Rec. 482).

Cette faculté d'adaptation connaît deux limites principales :

- d'abord, une modification ne saurait avoir pour conséquence de modifier l'objet initial du contrat ou de bouleverser son économie générale (CE, avis, 19 avril 2005, req. n° 371234).

  Autrement, il y aurait un incontestable risque de contournement des principes de mises en concurrence.

  Si tel était le cas, le juge administratif serait fondée à constater la nullité de cette modification comme résultant d'un nouveau contrat passé en méconnaissance des obligations de publicité et de mise en concurrence;
- ensuite, les éléments financiers du contrat bénéficient d'un statut particulier. Ainsi, la rémunération du cocontractant n'est pas susceptible de faire l'objet d'une modification unilatérale (CE, 11 juillet 1941, Hôpital de Chauny, Rec. CE, p. 129). Autrement, il n'y aurait aucune garantie pour les cocontractants de l'administration.

B. La modification de la durée du contrat

La durée du contrat est susceptible de faire l'objet de deux types de modifications :

- d'une part, un contrat peut faire l'objet d'une prolongation ou d'une reconduction, la différence étant que la reconduction implique la conclusion d'un nouveau contrat.

  Depuis un arrêt du 29 novembre 2000 (Commune de Païta), le Conseil d'État considère que le contrat qui résulte de l'application d'une clause de tacite reconduction a le caractère d'un nouveau contrat et doit donc faire l'objet d'une mise en concurrence;
- d'autre part, la durée d'un contrat peut être réduite en conséquence de sa résiliation décidée soit d'un commun accord par les parties, soit unilatéralement par l'administration contractante (v. *infra* **Fiche n° 20**).

À retenir

- Un contrat administratif n'est pas un lien intangible : il peut faire l'objet de modifications.
- Les modifications du contrat portent autant sur les parties que sur le contenu même du contrat.
- Afin d'éviter un contournement des obligations de mises en concurrence, les modifications apportées aux contrats doivent demeurer de portée limitée.

Pour en savoir plus

- H. Heopffner, *La modification du contrat administratif* : LGDJ 2009.

Pour s'entraîner

Par un contrat conclu le 27 août 2012, la communauté d'agglomération de A. a chargé la société B. d'assurer, pour une durée de dix ans, le transport public de voyageurs sur le territoire de ses communes membres. Puis, par une délibération en date du 12 février 2013, le conseil communautaire a décidé d'instaurer la gratuité sur ce réseau de transport.

Il résulte du nouvel article 22 de la convention établissant les modalités de rémunération du cocontractant que : « Le délégataire tire sa rémunération de la perception de la part de l'Autorité Organisatrice d'une compensation financière variable issue de la fréquentation, soit le nombre de voyages réalisés sur le réseau valorisé en euros, sur la base d'un prix au voyage de 0,40 euro, de la perception des recettes accessoires telles que les subventions et indemnités attribuées au Délégataire par d'autres organismes que l'Autorité Organisatrice, de la perception de la part de l'Autorité Organisatrice d'une contribution forfaitaire financière, de la perception de la part de l'Autorité Organisatrice d'une rémunération correspondant au coût de production des services à la demande ».

Que pensez-vous de cette modification du contrat ?

Corrigé

Cette modification des conditions de rémunération du cocontractant pourrait avoir substantiellement transformé l'opération contractuelle. En effet, la gratuité des transports conduirait à supprimer tout risque d'exploitation et entraînerait la requalification du contrat en marché public (V. Fiche 18). En outre, même si une telle requalification n'était pas opérée, cette modification paraît à ce point important qu'elle donnerait naissance un nouveau contrat, ce qui aurait obligé la communauté de communes à procéder à une nouvelle mise en concurrence.

Pourtant, il n'est pas impossible de considérer que cette modification ne conduise pas une requalification du contrat puisque le délégataire n'est pas prémuni contre tout risque d'exploitation dans la mesure où sa rémunération reste conditionnée par les résultats de son exploitation. En outre, dans la mesure aussi où la nature des prestations demeure inchangée, on peut également douter d'un éventuel bouleversement de l'économie du contrat.

Par conséquent, cette modification ne serait pas aussi substantielle que l'on pourrait le penser en première analyse (v. pour une espèce approchante : CAA Marseille, 28 avril 2014, n° 12MA00238).

La résiliation du contrat administratif

Fiche **20**

Définitions

Résiliation : extinction anticipée d'un contrat valide.

Exception d'inexécution : droit d'une partie de ne pas exécuter ses obligations en raison et en réponse à l'inexécution par l'autre partie de ses propres obligations.

Clause résolutoire : clause autorisant une partie à résilier le contrat en cas de manquement par l'autre partie à ses obligations contractuelles.

Malgré le principe de la force obligatoire des conventions, un contrat administratif peut prendre fin avant sa complète exécution. Trois situations se dégagent de la jurisprudence : la résiliation par consentement mutuel (**I.**), la résiliation à l'initiative du cocontractant de l'administration (**II.**), et la résiliation à l'initiative de l'administration contractante (**III.**).

I. La résiliation par consentement mutuel

Un contrat administratif étant d'abord un accord de volontés, il est naturel que les parties puissent défaire ce qu'elles ont fait.

En disposant, dans une formule classique et particulièrement ciselée, que « *les conventions légalement formées tiennent lieu de loi à ceux qui les ont faites* » et qu'« *elles ne peuvent être révoquées que de leur consentement mutuel, ou pour les causes que la loi autorise* », l'article 1134 du code civil a consacré la résiliation par consentement mutuel. En droit administratif, l'accord de volontés conditionne et structure aussi les contrats administratifs. C'est pourquoi les parties ont toujours la faculté de rompre, d'un commun accord, leurs relations contractuelles.

Ainsi, dans l'arrêt de 1902 *Orcibal et Leclère,* le Conseil d'État considère, en se référant très explicitement à l'article 1134 du Code civil, que « *les conventions légalement formées tiennent lieu de loi à ceux qui les ont faites et ne peuvent être révoquées que de leur consentement mutuel»* (S. 1905, III, p. 93). Plus récemment, la Cour administrative d'appel de Paris a rappelé qu'*« un contrat légalement formé tient lieu de loi à ceux qui l'ont fait et ne peut en principe être révoqué ni modifié que de leur consentement mutuel»* (CAA Paris, 17 avril 2007, SNCF, req. n°05PA03821, AJDA 2007, p. 1978 et s., note L. Richer).

Ce mode de rupture se caractérise par une grande souplesse.

D'abord, le juge administratif ne contrôle pas les motifs de cette résiliation contrairement aux résiliations unilatérales décidées par l'administration contractante. C'est ainsi que les parties pourront résilier d'un commun accord leurs relations contractuelles pour mettre fin à un litige (CE, 29 décembre 2000, *Comparat*, Rec. CE, p. 658) et dans ce cas la résiliation comportera un versant transactionnel. La rupture par consentement mutuel permettra aussi de remédier aux difficultés d'exécution rencontrées par les parties du fait, notamment, d'un changement dans les circonstances de droit ou de fait.

En second lieu, la procédure de rupture par consentement n'est que peu contraignante pour les parties. Contrairement au droit privé où certaines formes sont parfois requises, notamment pour garantir l'information des tiers, la jurisprudence administrative n'exige aucune forme particulière.

II. La résiliation à l'initiative du cocontractant de l'administration

En principe, le cocontractant de l'administration ne peut résilier unilatéralement le contrat qu'il a conclu et devra, en cas de faute de l'administration (**A.**) ou pour un autre motif (**B.**), saisir le juge administratif pour être libéré du contrat.

A. La résiliation en cas de faute de l'administration

Rétive à tout procédé de justice privée à l'encontre de l'administration et soucieuse de garantir l'exécution du contrat, la jurisprudence administrative interdit autant au cocontractant d'opposer une exception d'inexécution que de résilier un contrat en cas de manquement de l'administration.

C'est ainsi que l'abandon d'un chantier pour sanctionner un manquement de l'administration n'a pas pour effet de déclencher la rupture du contrat. Pire même, le cocontractant commettrait lui-même une faute autorisant, par exemple, l'administration à résilier le contrat pour faute. Une Cour administrative d'appel a d'ailleurs très précisément rappelé que « *le concessionnaire d'un service public, même s'il dispose d'un droit de résiliation au cas où l'autorité concédante manque à ses obligations, est, sauf impossibilité, tenu d'en poursuivre l'exécution jusqu'à ce que le juge du contrat en ait prononcé la résiliation* » (CAA Marseille, 13 décembre 2001, *Sté thermale Aix-en-Provence*, Contrats et Marchés publics avril 2002, p. 23, note E. Delacour).

Ce principe ne souffre que de très peu d'exceptions.

On mentionnera simplement que dans le cadre des marchés d'assurance, l'assureur a la faculté, en vertu du Code des assurances, de rompre le contrat qui le lie avec une collectivité, soit en cas de non-paiement des primes d'assurances (art. L. 113-3 du code des assurances) ou lorsqu'il constate une omission ou une déclaration inexacte de l'assuré (art. L. 113-9 du même code).

Concernant la possibilité d'insérer dans le contrat une clause résolutoire au profit du cocontractant de l'administration, si celle-ci a été admise par certains auteurs (V. Haïm, note sous CE, 3 décembre 1993, *Compagnie générale de chauffe c/ Centre hospitalier de Pointe-à-Pitre*, AJDA 1994, p. 485 et s., spéc. p. 486-487), le juge administratif n'a jamais consacré cette faculté.

B. La résiliation en l'absence de faute de l'administration

Le législateur reconnaît ponctuellement aux cocontractants de l'administration un pouvoir de résiliation unilatérale, notamment, dans les contrats d'achat d'électricité (article 50 de la loi n° 2000-108 du 11 juillet 2000 relative à la modernisation et au développement du service public de l'électricité), ou dans les contrats d'assurance puisque l'assureur peut prendre l'initiative de rompre le contrat au terme de chaque année sous réserve d'un préavis de deux mois (art. L. 113-12 du code des assurances), en cas d'aggravation ou de diminution du risque ou après un sinistre (respectivement art. L. 113-4 et R. 113-10 du même code). En outre, l'avocat, au nom du principe d'indépendance qui régit la profession, est toujours autorisé à rompre ses contrats de représentation.

En marge de ces situations spécifiques, la jurisprudence reconnaît-elle un pouvoir de résiliation à l'ensemble des cocontractants ? D'une manière générale, non : le cocontractant ne dispose pas d'un pouvoir de rupture sans faute (CE, 7 octobre 1988, *Office public d'habitation à loyer modéré de la ville du Havre* Rec. CE t. p. 887). Le comportement du cocontractant n'aurait alors pas pour effet de mettre fin au contrat et serait considéré comme une inexécution de celui-ci par le juge.

Par contre, la jurisprudence n'exclut pas que, sur le fondement d'une clause du contrat, le cocontractant puisse prendre rompre lui-même le contrat (CE, 20 décembre 1961, SARL « La Pomme de terre », Rec. CE, p. 732), sans toutefois que cette faculté soit de nature à menacer la continuité du service public.

III. La résiliation à l'initiative de l'administration contractante

Illustration du caractère exorbitant et inégalitaire du régime des contrats administratifs, l'administration contractante peut résilier unilatéralement un contrat, non seulement en cas de faute (**A.**), mais également même sans faute de l'administration (**B.**).

A. La résiliation en cas de faute du cocontractant

En cas de faute grave et uniquement en cette hypothèse, l'administration contractante pourra résilier le contrat. Le juge contrôlera les motifs de la rupture, celle-ci devant, selon la formule de Romieu, «*conserver le caractère de sanction exceptionnelle*» (Concl. sur CE, 20 janvier 1905, *Compagnie départementale des eaux et services municipaux c. Ville de Langres*, Rec. CE, p. 60).

Ce pouvoir de résiliation pour faute est reconnu à l'administration pour l'ensemble de ses contrats.

Exceptionnellement, la jurisprudence exclut ce pouvoir de résiliation unilatérale dans les concessions de service public (CE, 20 janvier 1905, *Compagnie départementale des eaux et services municipaux c. Ville de Langres*, Rec. CE, p. 60), ainsi que dans les «[...]*contrats de longue durée ayant pour objet la réalisation et l'exploitation d'ouvrages nécessitant des investissements importants dont l'amortissement doit être effectué pendant toute la durée de l'exploitation, et comportant pour le cocontractant des garanties analogues à celles accordées aux concessionnaires des services publics ou de travaux publics*». CE Sect., 26 novembre 1971, *Sté industrielle municipale et agricole de fertilisants humiques*, Rec. CE p. 723, RDP 1972, p. 239 et s., concl. Gentot).

Toutefois, l'administration contractante retrouvera son pouvoir de résiliation unilatérale en insérant une clause résolutoire dans ces contrats.

B. La résiliation même en l'absence de faute du cocontractant

L'administration contractante peut, même en l'absence de faute de son cocontractant, résilier unilatéralement le contrat.

Dans un arrêt *Distillerie de Magnac-Laval* du 2 mai 1958 (Rec. CE, p. 246, A.J. 1958 II 282, concl. Kahn, D. 1958, p. 730), le Conseil d'État a considéré que «*si les droits résultant, pour leurs titulaires, des marchés de fourniture d'alcool à l'État en cours d'exécution constituaient des biens auxquels l'article 7 de la loi du 11 juillet 1953 ne permettait pas au gouvernement de porter atteinte, il lui appartenait, en tout état de cause, en vertu des règles applicables aux contrats administratifs, et sous réserve des droits à indemnité des intéressés, de mettre fin, comme il l'a fait, à ces marchés de fournitures*».

Puis, dans l'arrêt d'Assemblée du 2 février 1987 *Société TV6* (CE Ass., 2 février 1987, Société TV6, Rec. CE, p. 28; AJDA 1987, p. 314 Chron. M. AZIBERT et M. BOISDEFFRE; D. 1987, IR, p. 51; RFDA 1987, p. 29, concl. FORNACCIARI), à propos d'une concession de service public, le Conseil d'État a précisé que «*s'il appartient à l'autorité concédante, en vertu des règles générales applicables aux contrats administratifs et sous réserve des droits d'indemnisation du concessionnaire, de mettre fin avant son terme, à un contrat de concession, elle ne peut ainsi rompre unilatéralement ses engagements que pour des motifs d'intérêt général justifiant, à la date à laquelle elle prend sa décision, que l'exploitation du service concédé doit être abandonnée ou établie sur des bases nouvelles*».

Il s'ensuit que, dans l'ensemble des contrats administratifs, l'administration pourra prononcer la résiliation du contrat pour un simple motif d'intérêt général, à la condition d'indemniser son cocontractant.

La jurisprudence a précisé que ce pouvoir est même insusceptible de faire l'objet d'une renonciation (CE, 6 mai 1985, *Association Eurolat*, RFDA 1986, p. 21 et s., concl. B. Genevois; AJDA 1985, p. 620 et s., note E. Fatôme et J. Moreau).

À retenir

- Les parties à un contrat administratif disposent de la faculté de résilier leurs relations contractuelles d'un commun accord.
- Sauf exception, le cocontractant de l'administration ne peut résilier le contrat qui le lie.
- Sauf exception, l'administration contractante peut toujours résilier le contrat qui la lie.

Pour en savoir plus

- F. Allaire, *La résiliation unilatérale des marchés publics. Le cas des marchés publics d'assurance*, RFDA 2005, p. 1099 et s.
- É. Nigri et B. Jalinière, *La résiliation d'un contrat administratif à l'initiative du cocontractant privé de l'Administration à l'épreuve du droit public des contrats* : Contrats et Marchés publics n° 4, avril 2014, étude 4.
- A. Roblot-Troizier, *Le pouvoir de contrôle de l'Administration à l'égard de son cocontractant* : RFD adm. 2007, p. 990.
- Ph. Terneyre, *Plaidoyer pour l'exception d'inexécution dans les contrats administratifs*, Mélanges Labetoulle 2007, p. 803.

Pour s'entraîner

Par un marché conclu le 23 avril 2012, la société B. a été chargée par la ville de A. d'une mission d'assistance consistant dans la préparation et le suivi d'une exposition temporaire au musée de la ville qui se déroulait sur 3 phases. Par une décision du 23 novembre suivant, le maire de la commune a prononcé la résiliation pour motif d'intérêt général du marché et a alloué, comme compensation, la somme de 1000 euros à son cocontractant. Celui-ci soutient que la commune ne pouvait décider de résilier le contrat au motif qu'aucune des clauses du contrat ne lui donnait un tel pouvoir et, que quelques jours plus tôt, elle avait reçu un ordre de service ouvrant la deuxième phase du contrat. Qu'en pensez-vous ?

Corrigé

En premier lieu, l'absence de stipulation relative aux conditions de résiliation du marché n'interdit évidemment pas à la ministre contractant de décider de résilier le contrat. En effet, la résiliation pour motif d'intérêt général est un pouvoir qui existe même dans le silence contrat.

En second lieu, concernant le moment de cette résiliation (quelques jours à peine après la décision d'engager la phase deux du contrat), il est vrai qu'il pourrait être de nature à faire douter de l'existence d'un réel motif d'intérêt général. Toutefois, le juge n'exerçant qu'un contrôle limité sur ce motif, la société B. ne pourra vraisemblablement pas faire déclarer illégale cette résiliation (v. CAA Nantes, 10 janvier 2014, n°12NT01114).

La responsabilité contractuelle

Fiche **21**

Définitions

Responsabilité contractuelle : obligation de réparer le dommage résultant de l'inexécution du contrat.

Comme en droit privé, la jurisprudence administrative a retenu le principe de la primauté de la responsabilité contractuelle (**I.**) dont seront précisées les conditions d'engagement (**II.**).

I. La primauté de la responsabilité contractuelle

1. « *Dès l'instant où le plaignant est non un tiers mais une partie à un contrat passé avec l'auteur du dommage, la faute contractuelle absorbe la faute quasi-délictuelle* » (concl. Corneille sur CE, 6 mai 1921, Cie PLM : RD publ. 1921, p. 513). Par conséquent, pour les dommages résultant de l'exécution du contrat, les parties ne peuvent agir que sur le terrain de la responsabilité contractuelle (CE, 1er décembre 1976, Berezowski : Rec. p. 521).

La justification de ce principe de primauté de la responsabilité contractuelle, qui joue même si est en cause un contrat de droit privé (CE 6 mai 1921, Cie PLM, Rec. 454), réside essentiellement dans la force obligatoire du contrat : les parties ne peuvent échapper au contrat, même si elles y ont un intérêt juridique.

2. Il s'ensuit que l'administration ne pourra se placer sur un terrain extra-contractuel comme, par exemple, la procédure de contravention de grande voirie (CE 30 mai 1986, ministre des PTT c/ Sté SALEG : Lebon 153), pour obtenir réparation du préjudice qu'elle a subi.

De son côté, le cocontractant de l'administration ne pourra rechercher l'engagement de la responsabilité de l'administration, par exemple, sur le fondement des responsabilités extracontractuelles sans faute (CE, 5 janvier 1972, Sté Unitchadienne : Rec. 4).

3. Autre conséquence du principe de primauté de la responsabilité contractuelle : seront opposables aux parties les clauses limitatives ou exonératoires de responsabilité.

De longue date, la jurisprudence a reconnu la validité de telles clauses (V. CE 9 mars 1977, CCI de Douai, Rec. T. 897), soit qu'elles opèrent le transfert de la responsabilité décennale d'un constructeur à un autre (CE 17 déc. 1954, Sté Deloffre, Rec. 675), qu'elles limitent la garantie décennale à certaines catégories d'ouvrages ou de malfaçons (CE 12 mars 1958, Ville de Rouen, AJDA 1958. 154), ou qu'elles portent à 25 ans au lieu de 10 la durée pendant laquelle les constructeurs seront responsables (CE 6 juin 1984, Min. Éducation nationale c/ Monge et autres, Rec. T. 672).

Toutefois, la liberté des parties d'organiser les conditions d'engagement de leur responsabilité n'est pas entière.

Ainsi, les articles L. 2131-10, L. 3132-4 et L. 4142-4 du code général des collectivités territoriales prévoient que «*sont illégales les décisions et délibérations par lesquelles les collectivités locales renoncent soit directement, soit par une clause contractuelle, à exercer toute action en responsabilité à l'égard de toute personne physique ou morale qu'elles rémunèrent sous quelque forme que ce soit*». Selon le Conseil d'État, ces dispositions valent aussi pour leurs établissements publics (CE 28 janv. 1998, Sté Borg Warner, Rec. 20).

De la même manière, l'article 1792-5 du code civil relatif à la responsabilité décennale dispose que : «*Toute clause d'un contrat qui a pour objet soit d'exclure ou de limiter la responsabilité prévue aux articles 1792, 1792-1 et 1792-2* [...] *est réputée non écrite*».

Enfin, les clauses exonératoires ou limitatives de responsabilité ne s'appliquent pas dans le cas où la partie qu'elles protègent a commis une faute lourde (CE 24 janv. 1958, Sté Gencel, Rec. 44).

II. Les conditions d'engagement de la responsabilité contractuelle

Seront successivement évoquées la responsabilité de la personne publique (**A.**) et la responsabilité du cocontractant de l'administration (**B.**).

A. La responsabilité de la personne publique

1. D'une façon générale, il appartient au cocontractant de l'administration qui prétend avoir subi un préjudice de le prouver, ainsi que de démontrer l'existence d'un lien de causalité avec le fait générateur de responsabilité.

2. Ce fait générateur peut être, d'abord, une faute de l'administration contractante.

Les fautes susceptibles d'engager la responsabilité de la personne publique peuvent résulter de situations variées : carence (CE, 7 janv. 1976, Ville Amiens : Rec. CE 1976, p. 11), erreur (CE, 24 janv. 1930, Sté grands travaux Marseille et a. c/ Min. marine : Rec. CE 1930, p. 112), refus injustifié (CE, 20 janv. 1988, SERAF c/ Ville Saint-Ouen : Rec. CE 1988, p. 29), retard (CE, 19 févr. 1975, Min. d'État chargé déf. nat. c/ Sté entreprises Campenon-Bernard et a. : Rec. CE 1975, p. 143), etc.

Sont également constitutives de fautes, les décisions irrégulières ou injustifiées prises par l'administration contractante. Tel est le cas, par exemple, de la mesure imposant une sujétion inutile (CE, 19 févr. 1975, Min. d'État chargé déf. nat. c/ Sté entreprises Campenon-Bernard et a. : Rec. CE 1975, p. 143). Tel est, évidemment, le cas aussi de la sanction injustifiée du cocontractant par l'administration.

3. Ce fait générateur peut également être non-fautif.

Comme en matière extracontractuelle, il existe des cas de responsabilité contractuelle sans faute.

Ainsi, des décisions légales prises par l'administration contractante sont de nature à engager la responsabilité de la personne publique. Par exemple, la modification unilatérale du contrat justifie que l'administration contractante en assume les conséquences financières (CE, sect., 5 juin 1953, Dpt Isère : Rec. CE 1953, p. 270). De la même manière, la résiliation unilatérale du contrat, à la condition qu'elle soit prononcée en l'absence de faute du cocontractant, ouvre droit, au profit de ce dernier, à une indemnisation (CE, 6 févr. 1925, Gouverneur général Algérie c/ Demouchy : Rec. CE 1925, p. 121).

B. La responsabilité du cocontractant de l'administration

1. Seule une faute du cocontractant peut, en principe, justifier l'engagement de sa responsabilité contractuelle.

S'il est impossible de dresser la liste exhaustive des manquements justifiant la condamnation de celui-ci à verser des dommages-intérêts, les fautes les plus fréquentes sont l'abandon du chantier (CAA Bordeaux, 7 mars 2006, n° 02BX01110, SARL Régie 5 : Contrats-Marchés publ. 2006, comm. 171, note W. Zimmer), l'inexécution partielle ou totale du contrat, le retard (CE, 9 août 2006, n° 258885, Cne Noyant-la-Gravoyère : Contrats-Marchés publ. 2006, comm. 292, obs. F.L. et P. S-C.), le refus d'exécuter un ordre de service (CAA Nantes, 31 mars 2006, n° 03NT00504, Groupement d'Entreprises GTM Construction : Contrats-Marchés publ. 2006, comm. 291, note F. Olivier)...

2. Pour s'exonérer, le cocontractant pourra évoquer l'existence d'un cas de force majeure (CE, 15 févr. 1956, Min. TP c/ Entreprise Enseignat : Rec. CE

1956, tables p. 702), une faute de l'administration (CE, sect., 5 nov. 1982, Sté Propétrol : JCP G 1984, II, 20168, obs. M. Paillet) ou le fait d'un tiers.

3. L'administration dispose de la faculté soit de dresser des états exécutoires afin de réclamer directement au cocontractant des dommages et intérêts (CE, 19 déc. 1990, Sté TP Cotentin : AJDA 1991, p. 394, obs. G. Teboul), soit de saisir directement le juge administratif (CE, 31 mai 1907, Deplanque c/ Ville Nouzon, concl. Romieu : Rec. CE 1907, p. 514), ces deux procédures étant exclusives l'une de l'autre (CAA Lyon, 11 juill. 1994, SARL France Chauffage Service : AJDA 1994, p. 796, note Jouguelet).

À retenir

- La jurisprudence administrative a consacré le principe de primauté de la responsabilité contractuelle interdisant aux parties de se placer sur un autre terrain juridique pour obtenir la réparation d'un préjudice résultant de l'exécution du contrat.
- La responsabilité contractuelle de l'administration peut être engagée pour faute, comme en l'absence de faute.
- La responsabilité contractuelle du cocontractant de l'administration peut être engagée seulement pour faute

Pour en savoir plus

- F. Moderne, *De l'exonération de responsabilité des constructeurs en droit public et en droit privé : esquisse d'analyse comparative*, BJCP 1999, n° 2, p. 126.
- M. Paillet, *Quelques réflexions sur les rapports entre responsabilité administrative contractuelle et extracontractuelle [sur la « tyrannie » du principe de primauté]*, Mélanges Guibal, 2006, PU Montpellier, p. 553.

Pour s'entraîner

La commune de A. a confié à la société B. l'aménagement les abords d'une station thermale. Aux termes de ce contrat, la société s'engageait notamment à réaliser les études préalables à la définition des caractéristiques techniques des ouvrages, à effectuer les travaux d'aménagement urbain concernant la voirie, les espaces publics et à mettre en place des actions de développement axées sur la création d'un « esprit de station ». Ce contrat a été conclu sans aucune mesure de publicité et de mise en concurrence. Ayant effectué des études non prévues au contrat, la société souhaiterait obtenir une indemnisation. Sur quel fondement doit-elle se placer ?

Corrigé

En vertu du principe de primauté de la responsabilité contractuelle, la demande ne saurait être établie sur un autre fondement juridique, et en particulier sur l'enrichissement sans cause. Toutefois, si le juge constate la nullité de ce contrat conclu sans procédure formalisée, les règles de la responsabilité contractuelle ne trouveront pas application en l'espèce (CAA Bordeaux, 13 mai 2008, n° 06BX01244).

Responsabilité extracontractuelle et contrat administratif

Fiche **22**

Définitions

Responsabilité contractuelle : obligation de réparer le dommage résultant de l'inexécution du contrat.

Action oblique : action ouverte à un créancier pour lui permettre d'exercer tous les droits et actions de son débiteur, à l'exception de ceux qui sont exclusivement attachés à la personne.

Stipulation pour autrui : opération juridique en vertu de laquelle une personne (le stipulant) obtient d'une autre (le promettant) qu'elle s'engage envers une troisième personne (le tiers bénéficiaire) à effectuer une prestation.

En marge des actions fondées sur la responsabilité contractuelle, le contentieux des contrats administratifs connaît, à titre exceptionnel et en dérogation avec le principe de primauté de la responsabilité contractuelle, des actions en responsabilité extracontractuelle entre les parties (**I.**). En outre, des tiers au contrat sont également fondés à agir sur un terrain extracontractuel (**II.**).

I. Les actions en responsabilité extracontractuelle entre les parties

Ces actions peuvent être engagées lors de la formation du contrat (**A.**) ou lors de son exécution (**B.**).

A. Lors de la formation du contrat

1. Première situation : la responsabilité précontractuelle

Le cocontractant de l'administration peut voir sa responsabilité engagée s'il retire fautivement l'offre qu'il avait soumise (CE, 29 mars 1912, Frot c/ État : Rec. CE 1912, p. 467). Aucun contrat n'ayant encore été conclu, il s'agit d'une faute délictuelle dont les conséquences dommageables seront réparées par le juge administratif. Toutefois, si cette offre est acceptée par l'administration, la rencontre des volontés ayant eu lieu, la responsabilité sera contractuelle (CE, 9 déc. 1988, Synd. intercnal pour ramassage des ordures ménagères Château-Salins et sa région : Rec. p. 688).

Du côté de l'administration, sa responsabilité peut être engagée en cas de rupture abusive des négociations ou d'interruption de la procédure de passation, même si l'existence d'une faute est assez exceptionnellement retenue par le juge. En effet, la jurisprudence considère facilement que l'interruption de la phase précontractuelle est justifiée par un motif d'intérêt général. Aussi la faute de l'administration n'est-elle que très rarement admise. Pour que celle-ci soit retenue l'administration doit avoir fait preuve d'une particulière mauvaise foi (CE, 24 juin 1938, Cne Huos : Rec., p. 537) ou avoir commis de graves négligences (CE, 7 avr. 1965, Sté Air Couzinet Transocéane : Rec., p. 229).

2. Seconde situation : la responsabilité du fait de la nullité du contrat

La nullité du contrat administratif interdit aux parties d'engager réciproquement leur responsabilité contractuelle puisque les parties ne peuvent évidemment pas se prévaloir de ses stipulations (CE, sect., 13 juill. 1961, Sté ent. gén. et trav. publ. pour France et colonies).

C'est donc sur un fondement extracontractuel que seront indemnisés les préjudices subis, généralement par le cocontractant de l'administration qui réclamera une compensation pour les dépenses qu'il a exposées et le bénéfice qu'il a manqué.

Concernant les dépenses exposées par le cocontractant

D'abord, le cocontractant de l'administration dont le contrat est entaché de nullité est fondé à réclamer le remboursement de celles de ses dépenses qui ont été utiles à la collectivité envers laquelle il s'était engagé (CE, 8 déc. 1995, Cne Saint-Tropez : AJDA 1996, p. 448, note V. Haïm). Il s'agit ici de l'application de la théorie de l'enrichissement sans cause (CE, 16 nov. 2005, Auguste c/ Cne Nogent sur Marne : Contrats-Marchés publ. 2005, comm. 36).

La jurisprudence prend soin de limiter cette action aux seules dépenses utiles (en ce sens, CE, sect., 20 oct. 2000, Sté Citécable Est : Rec. CE 2000, p. 457).

En outre, à l'appauvrissement du contractant doit correspondre un enrichissement pour la personne publique (CE, 27 oct. 1989, n° 75479, Fondeville).

Enfin, même si le contrat est entaché de nullité, il n'en exerce pas moins une influence sur le montant de l'indemnisation à laquelle peut prétendre le cocontractant : l'indemnisation versée n'excédera jamais les sommes qui auraient dû lui être payées si le contrat avait été valablement conclu et régulièrement exécuté (CE, 8 déc. 1995, Cne Saint Tropez : Rec. p. 431).

Concernant les bénéfices que n'a pu retirer le cocontractant

Le cocontractant de l'administration a encore la faculté d'engager la responsabilité de cette dernière pour obtenir la compensation des bénéfices qu'il n'a pu retirer de l'exécution du contrat, à la condition qu'il établisse l'existence d'une faute (CE, 27 févr. 1974, Cie de gestion et de promotion française : RD publ. 1975, p. 303). Comme dans l'hypothèse précédente, l'indemnisation du cocontractant n'excédera pas le manque à gagner que celui-ci pouvait, en toute probabilité, retirer du contrat.

En outre, le juge pourra retenir la faute du contractant qui, malgré le caractère irrégulier du contrat, l'a quand même exécuté (CE, sect., 9 déc. 1949, Chami : Rec. CE 1949, p. 542). En pratique, les responsabilités sont donc très souvent partagées, sauf si le juge estime que le cocontractant de l'administration n'était pas en mesure d'apprécier l'illégalité du contrat (CE, 6 déc. 1982, Bouin Favre : RFD adm. 1982, p. 382, note Terneyre).

B. Lors de l'exécution du contrat

1. Première situation : la responsabilité de l'administration lors de la survenance d'événements extérieurs aux parties

Même si un événement n'est pas imputable à l'administration contractante, celle-ci pourra devoir en supporter les conséquences dommageables et, notamment, lorsqu'il a le caractère :

- *d'un cas de force majeure*

  Si, en principe, un cas de force majeure (résultant d'une situation imprévue, extérieure et irrésistible) n'ouvre pas de droit à indemnisation au cocontractant de l'administration (CE, 9 nov. 1955, Sté Transports routiers Aviat et Cie : Rec. CE 1955, p. 530), les contrats administratifs prévoient généralement la prise en charge financière de cette situation par l'administration ;
- *d'une sujétion imprévue*

  La théorie des sujétions imprévues trouve essentiellement à s'appliquer en matière de marchés de travaux. Cette théorie vise à compenser les conséquences imprévisibles surgissant lors de l'exécution, liées, par exemple, à l'état du sol. L'administration contractante aura ainsi l'obligation d'indemniser son contractant des dépenses exposées pour exécuter des travaux imprévus exceptionnels (CE, 27 sept. 2006, n° 269925, Sté GTM Construction : Contrats-Marchés publ. 2006, comm. 294, obs. F.L. et P. S.-C.).

  Toutefois, lorsque les dépenses supportées par le cocontractant de l'administration résultent d'un risque normal ou prévisible, la théorie des sujétions imprévues est écartée par le juge (CE, 11 juill. 1960, OPHLM Dpt Seine et Sté « Entreprise Labalette » : Rec. CE 1960, p. 474) ;

- *d'un cas d'imprévision*

  L'imprévision constitue une autre hypothèse de responsabilité extra-contractuelle de l'administration. Justifiée par l'impératif de continuité du service public, la théorie de l'imprévision ouvre au cocontractant de l'administration un droit à l'indemnisation de charges extracontractuelles résultant d'événements extérieurs au cocontractant, imprévisibles, mais non irrésistibles (CE, 30 mars 1916, Cie générale éclairage Bordeaux : Rec. CE 1916, p. 125, concl. Chardenet).

  Deux précisions complémentaires : d'une part, l'indemnisation reçue par le cocontractant est toujours partielle (généralement 95 % du préjudice est indemnisé, l'administration n'ayant à supporter l'intégralité des conséquences onéreuses d'une situation qui ne lui est pas imputable) et, d'autre part, lorsque la situation d'imprévision devient définitive, le juge administratif est fondé, à la demande de l'une des parties, de prononcer la résiliation du contrat (CE, ass., 9 déc. 1932, Cie tramways Cherbourg : Rec. CE p. 1050, concl. Josse, p. 1056).

2. Deuxième situation : la responsabilité de l'administration en application de la théorie du fait du prince

La théorie du fait du prince, d'origine jurisprudentielle, permet au cocontractant de l'administration d'obtenir une indemnisation pour compenser le bouleversement qu'a connu l'exécution de son contrat suite à une décision légale prise par l'administration agissant, non en sa qualité de partie au contrat, mais en sa qualité de puissance publique (CE, 4 mars 1949, Ville Toulon : Rec. CE 1949, p. 197).

Contrairement à la théorie de l'imprévision, celle du fait du prince ouvre un droit à l'indemnisation intégrale du cocontractant (CE, 23 avr. 1948, Ville Ajaccio : RD publ. 1948, p. 603).

II. Les actions en responsabilité extracontractuelle engagées par des tiers

1. En vertu de l'article 1165 du Code civil « les conventions n'ont d'effet qu'entre les parties contractantes ; elles ne nuisent pas aux tiers et ne leur profitent ». Les contrats administratifs n'échappent pas au principe de l'effet relatif des conventions.

Il s'ensuit qu'un tiers ne saurait engager la responsabilité contractuelle d'une partie du fait de l'inexécution du contrat.

Dans un arrêt récent, le Conseil d'État a considéré «*que si* [...] *les maîtres successifs de l'ouvrage peuvent agir contre les constructeurs sur le fondement de la garantie décennale qui accompagne l'immeuble, ils ne succèdent pas, en revanche, du seul fait de la transmission de l'ouvrage, à l'ensemble des droits résultant des obligations contractuelles souscrites par les constructeurs à l'égard de leurs cocontractants; que, par suite, en l'absence de contrat entre les maîtres d'œuvre et la commune, celle-ci n'est pas fondée à rechercher leur responsabilité au titre d'un manquement à des obligations contractuelles*» (CE, 9 déc. 2011, Commune d'Ales, req. n° 342283).

Un tiers ne pourrait se placer sur le terrain de la responsabilité contractuelle que sur le biais de l'action oblique (CE, 20 oct. 2000, n° 192851, Perreau) ou de la stipulation pour autrui (CE, 19 juill. 2010, n° 318126, Cne Chapelle Saint-Luc).

2. En pratique, les actions engagées par un tiers sont rares.

En effet, rejetant l'assimilation faite par la Cour de Cassation entre faute contractuelle et faute délictuelle (*Cass. 1re civ., 18 juill. 2000 : RTD civ. 2001, p. 146, obs. J. Mestre et B. Fages*), le Conseil d'État a considéré que «*les tiers à un contrat administratif* [...] *ne peuvent en principe se prévaloir des stipulations de ce contrat*», pour étavlir que l'inexécution d'un contrat leur aura été préjudiciable (CE, 11 juill. 2011, n° 339409 Contrats-Marchés publ. 2011, n° 10, comm. 300, note G. Eckert; BJCP 2011, n° 78, p. 341, concl. N. Boulouis, note R.S.).

À retenir

- En dérogation avec le principe de primauté de responsabilité contractuelle, les parties peuvent agir sur le terrain extracontractuel.
- En principe, un tiers ne saurait invoquer l'inexécution d'un contrat administratif, la jurisprudence administrative n'assimilant pas faute contractuelle et faute délictuelle.

Pour en savoir plus

- N. Jacot, *La notion de force majeure dans les contrats publics* : Mélanges M. Guibal, 2006, p. 275).
- T. Kirat, L. Vidal et F. Marty, *Le juge administratif et le risque : sujétions imprévues et imprévision dans le contentieux du contrat administratif* : Économie et droit du contrat administratif, Doc. fr., 2005, p. 213.

Pour s'entraîner

Par un contrat de concession signé le 17 septembre 2013, la commune de A. a confié l'établissement et l'exploitation d'un réseau, de radiodiffusion sonore et de télévision. Ce contrat, passé sans aucune procédure de publicité ni de mise en concurrence, a commencé à être exécuté avant que le juge administratif en soit saisi. Il est à noter que la société a perçu une subvention de la commune ainsi que des redevances des usagers. Qu'en pensez-vous ?

Corrigé

En premier lieu, l'absence de mesure de publicité et de mise en concurrence semble de nature à justifier l'invalidation du contrat.

En deuxième lieu et par voie de conséquence, le cocontractant de l'administration dont le contrat est entaché de nullité est fondé à réclamer le remboursement de celles de ses dépenses qui ont été utiles à la collectivité envers laquelle il s'était engagé.

Dans le cas où la nullité du contrat résulte d'une faute de l'administration, il peut en outre prétendre à la réparation du dommage imputable à cette faute et, le cas échéant, demander, le paiement du bénéfice dont il a été privé par la nullité du contrat si toutefois le remboursement à l'entreprise de ses dépenses utiles ne lui assure pas une rémunération supérieure à celle que l'exécution du contrat lui aurait procurée.

En l'espèce, aucun élément ne permet d'affirmer que la société aurait exposé des dépenses utiles à la commune.

Surtout, en ayant déjà perçu une rémunération, la commune ne pourrait être condamnée à réparer le préjudice résultant du gain manqué, sachant d'autant plus que la société ne pouvait ignorer qu'elle concluait et exécutait un contrat invalide puisque passé sans procédure de publicité ni de mise en concurrence (v. CE, 20 octobre 2000, n° 196553).

Les responsabilités en matière de construction

Fiche 23

Définitions

Réception : acte par lequel le maître de l'ouvrage déclare accepter l'ouvrage avec ou sans réserve. Celle-ci intervient à la demande de la partie la plus diligente, soit à l'amiable, soit à défaut judiciairement. En tout état de cause, la réception est prononcée contradictoirement (article 1792-6 du Code civil).

Réserve : lors de la réception, les travaux réservés et listés comme tels doivent être repris par l'entrepreneur et demeurent couverts, malgré la réception, par la responsabilité contractuelle.

Les opérations de travaux connaissent un régime de responsabilité particulier. Il paraissait donc nécessaire de leur consacrer des développements spécifiques.

Dans une opération de construction, la réception étant une étape essentielle puisque le maître de l'ouvrage déclare accepter l'ouvrage avec ou sans réserve, il convient de distinguer la responsabilité des constructeurs avant (**I.**) et après (**II.**) la réception de l'ouvrage.

I. La responsabilité des constructeurs avant la réception de l'ouvrage

Les constructeurs peuvent voir leur responsabilité contractuelle (**A.**) et extracontractuelle (**B.**) engagée avant la réception de l'ouvrage.

A. La responsabilité contractuelle

Pendant la durée des opérations de travaux, et avant la réception de l'ouvrage, tout constructeur est lié par le contrat qu'il a conclu. Il s'ensuit que le maître de l'ouvrage a la faculté de demander à son cocontractant de remédier aux désordres qui auraient pu apparaître et d'engager sa responsabilité.

Trois séries d'observations doivent être faites :

- d'abord, contrairement aux principes régissant la responsabilité décennale (après réception), tout manquement contractuel sera sanctionné et tout désordre sera indemnisé ;
- ensuite, si le maître de l'ouvrage peut demander au constructeur de remédier aux désordres nés de la mauvaise exécution du contrat, celui-ci ne peut entraver la réalisation des travaux en intervenant de façon intempestive dans leur réalisation (CE, 24 juill. 1987, n° 60616, Entreprise Jean Lefebvre : Dr. adm. 1987, comm. 493) ;
- enfin, la responsabilité contractuelle ne s'applique qu'aux constructeurs liés contractuellement au maître de l'ouvrage. Ainsi, le maître de l'ouvrage ne peut engager la responsabilité contractuelle d'un sous-traitant (CE, 11 juill. 1988, n° 56630, Ch. métiers Ille-et-Vilaine : Rec. CE 1988, p. 900; D. 1989, somm. p. 223, obs. Ph. Terneyre).

B. La responsabilité extracontractuelle

Même en l'absence de faute, la collectivité maître de l'ouvrage ainsi que, le cas échéant, l'architecte et l'entrepreneur chargés des travaux sont responsables vis-à-vis des tiers des dommages causés à ceux-ci par l'exécution d'un travail public à moins que ces dommages ne soient imputables à un cas de force majeure ou à une faute de la victime (CE, 11 oct. 1968, n° 69877 Allard : Rec. CE 1968, p. 486).

Le juge administratif peut prononcer la condamnation solidaire du maître de l'ouvrage et des constructeurs (CE, 4 mars 1955, Ville Orléans : Rec. CE 1955, p. 40), sans qu'il leur soit possible d'opposer des clauses du contrat et, en particulier, des clauses limitatives de responsabilité (CE, 7 oct. 1960, Ville Auxerre : AJDA 1960, p. 308).

Conséquence d'une condamnation solidaire, le maître de l'ouvrage et les constructeurs condamnés peuvent, évidemment, exercer une action récursoire contre les coobligés à la dette.

II. La responsabilité des constructeurs après la réception de l'ouvrage

Les articles 1792 et suivants du code civil organisent un régime de responsabilité des constructeurs, après réception de l'ouvrage, dont les principes sont appliqués par le juge administratif selon une jurisprudence ancienne et constante du Conseil d'État (CE, ass., 2 févr. 1973, Trannoy : Rec. CE 1973, p. 95, concl. M. Rougevin-Baville). En particulier, l'on envisagera la garantie de parfait achèvement (**A.**), la responsabilité biennale (**B.**) et la garantie décennale (**C.**).

A. La garantie de parfait achèvement

La garantie de parfait achèvement qui pèse sur les constructeurs en droit administratif est tirée des dispositions de l'article 1792-6 du code civil selon lesquelles « la garantie de parfait achèvement, à laquelle l'entrepreneur est tenu pendant un délai d'un an, à compter de la réception, s'étend à la réparation de tous les désordres signalés par le maître de l'ouvrage, soit au moyen de réserves mentionnées au procès-verbal de réception, soit par voie de notification écrite pour ceux révélés postérieurement à la réception ».

Prolongement des obligations contractuelles, la garantie de parfait achèvement couvre tant les travaux qui ont fait l'objet de réserves que les désordres qui seraient apparus pendant le délai d'un an ou le délai fixé par les stipulations contractuelles (CE, 28 févr. 1986, Entreprise Blondet : Rec. CE 1986, p. 55 ; AJDA 1986, p. 399, note L. Richer) à compter de la date de la réception de l'ouvrage (CAA Lyon, 31 janv. 2008, n° 03LY01168, Sté Vaucluse Provence : Rec. CE 2008, p. 815).

La garantie de parfait achèvement impose au constructeur de réparer toutes les malfaçons, quelles que soient leur importance et leur nature, sauf à ce que ces désordres résultent de l'usage ou de l'usure normale de l'ouvrage (CAA Bordeaux, 4 juill. 1995, n° 93BX0016, Cne Jonzac).

Selon la jurisprudence administrative, l'obligation de réparation résultant de la garantie de parfait achèvement ne pèse que sur les constructeurs qui ont effectivement réalisé les travaux affectés (CE, 14 mai 1990, n° 80614, Sté CGEE Alsthom : Rec. CE 1990, p. 124).

Enfin, la garantie de parfait achèvement peut faire l'objet d'aménagements contractuels, la jurisprudence administrative ne la considérant pas, en effet, comme étant d'ordre public (CE, 28 févr. 1996, Entreprise Blondet : préc.).

B. La responsabilité biennale

La garantie biennale a pour objet l'ensemble des éléments d'équipement qui ne font pas indissociablement corps avec l'ouvrage (art. 1792-3 du code civil). Il s'agit, par exemple des portes, fenêtres, du chauffage, sauf à ce que ces désordres compromettent le bon fonctionnement de l'ouvrage (dans ce cas, ils seront pris en charge par la garantie décennale).

Comme pour la garantie de parfait achèvement, seuls les entrepreneurs ayant réalisé les prestations faisant l'objet du désordre en causesont redevables de l'obligation de réparer.

Si la durée de cette garantie est normalement de deux ans, il ne s'agit pas d'une règle d'ordre public : les parties ont la faculté d'en modifier la durée et, en particulier, de l'allonger (CAA Lyon, 2 févr. 2012, n° 11LY00245, SARL TML et la SARL Martin Rebeuf).

C. La garantie décennale

1. Pour être couvert au titre de la garantie décennale (10 ans à compter de la réception), un désordre doit présenter un certain degré de gravité, soit qu'il affecte la solidité d'ouvrage ou la solidité d'un élément d'équipement indissociable (par exemple : des infiltrations dues au mauvais état des couvertures d'un édifice : CE, 31 mai 2010, n° 317006, Cne Parnes : Rec. CE 2010, p. 854), soit qu'il rende l'ouvrage impropre à sa destination (par exemple : le dysfonctionnement d'une climatisation : CE, 23 mai 2012, n° 346352, Sté SPIE SCGPM).

2. En application de l'article 1792-1 du code civil, est réputé constructeur de l'ouvrage et donc responsable au titre de la garantie décennale : 1° Tout architecte, entrepreneur, technicien ou autre personne liée au maître de l'ouvrage par un contrat de louage d'ouvrage ; 2° Toute personne qui vend, après achèvement, un ouvrage qu'elle a construit ou fait construire ; 3° Toute personne qui, bien qu'agissant en qualité de mandataire du propriétaire de l'ouvrage, accomplit une mission assimilable à celle d'un locateur d'ouvrage.

3. Conséquences du principe posé par l'article 1792 qui présume la responsabilité du constructeur, la victime est déchargée de l'obligation de prouver l'existence d'une faute et d'un lien de causalité, et le constructeur n'est exonéré de sa responsabilité qu'en cas de faute de la victime ou de force majeure.

4. Pendant longtemps, tout constructeur avait la faculté de faire échec à l'engagement de sa responsabilité décennale en mettant en évidence qu'il n'était pas à l'origine du désordre en cause (CE, 17 mars 1999, n° 159443, Ville Havre). Dorénavant, la jurisprudence admet l'engagement solidaire de la responsabilité des intervenants (CE, 23 mai 2011, Communauté agglomération de Lens-Liévin, n° 341414), tout en ouvrant postérieurement à chacun d'eux une action récursoire.

À retenir

- Avant la réception de l'ouvrage, les désordres sont couverts par la responsabilité contractuelle.
- Après la réception des travaux, la responsabilité contractuelle cesse, sauf pour les désordres ayant fait l'objet de réserves à l'occasion des opérations de réception.
- Après la réception de l'ouvrage, certains désordres de l'ouvrage peuvent encore être garantis.

Pour en savoir plus

- L. Karila et C. Charbonneau, *Droit de la construction : responsabilités et assurances* : LexisNexis, 2e éd., 2014.
- M. Zavaro, *La responsabilité des constructeurs* : LexisNexis, 3e éd., 2013.

Pour s'entraîner

Par une convention en date du 28 juin 2008, la commune de A. a concédé à la société B. le financement et la construction d'une ligne de métro et d'un site propre ainsi que le financement, l'entretien et l'exploitation du réseau de transport public de voyageurs par métro et par bus.

Selon les termes du contrat de concession, celle-ci prend fin le 31 décembre de la trentième année qui suit la mise en service du réseau de transport et, à l'expiration de la concession, l'ensemble des biens construits, acquis et financés par le concessionnaire, ou remis par l'autorité concédante, constituent des biens de retour. En outre, le contrat conclu entre la société B. et le groupement d'entreprises chargé de la réalisation des travaux stipule que la société B. intervient en qualité de maître d'ouvrage.

Par un contrat de construction en date du 2 juillet 2008, la société B. a confié à un groupement d'entreprises privées la mission de conception et de réalisation du réseau de métro-bus. À la suite de la réception des travaux, des désordres sur le revêtement de la plate-forme du tramway étant apparus, la commune et la société envisagent une action en responsabilité décennale. Qu'en pensez-vous ?

Corrigé

La nature des désordres, lesquels rendent impropres l'ouvrage, ressortent très certainement de la responsabilité décennale. La difficulté résulte ici essentiellement dans le fait de savoir qui de la commune ou de la société est compétente pour engager l'action en responsabilité décennale.

A priori, il pourrait s'agir de la commune qui est réputée propriétaire de ces biens dès le début du contrat. Il s'agit, en effet, de biens de retour qui sont repris sans indemnité par la collectivité délégante à la fin du contrat car, étant indispensables à l'exécution de la mission de service public déléguée, ils sont considérés comme lui ayant toujours appartenu.

Toutefois, les ouvrages n'ayant pas été remis à la commune et la société ayant la maîtrise d'ouvrage, seule cette dernière pourra engager une action en responsabilité décennale (v. CAA Douai, 17 sept. 2013, n° 12DA01100).

Les modes alternatifs de règlement des litiges contractuels

Fiche **24**

Définitions

Recours gracieux/recours hiérarchique : recours adressé à l'auteur de la décision (recours gracieux) ou à son supérieur hiérarchique en vue de sa réformation.

Cahier des clauses administratives générales (CCAG) : Ces documents fixent les dispositions applicables à chaque catégorie de marchés. En application de l'article 13 du code des marchés publics, le pouvoir adjudicateur peut décider ou non de se référer à un CCAG. Il existe un CCAG pour les marchés de fournitures courantes et services (arrêté du 19 janvier 2009), pour les marchés publics de prestations intellectuelles (arrêté du 16 septembre 2009), pour les marchés publics de travaux (arrêté du 3 mars 2014), pour les marchés publics industriels (arrêté du 16 septembre 2009) et pour les marchés publics de techniques de l'information et de la communication (arrêté du 16 septembre 2009).

Si les litiges contractuels sont principalement réglés par le juge administratif, la voie juridictionnelle étatique n'est pas la seule solution offerte aux parties dont les litiges peuvent trouver un règlement à l'occasion de recours administratifs préalables (**I.**), d'une conciliation (**II.**), d'une transaction (**III.**) ou d'un arbitrage (**IV.**).

I. Les recours administratifs préalables

1. Selon un principe général du droit administratif, toute décision administrative peut faire l'objet d'un recours gracieux ou hiérarchique (CE, 10 juill. 1964, Centre médico-pédagogique de Beaulieu : Rec. CE 1964, p. 399, concl. Rigaud). En matière contractuelle, il est fréquemment institué un recours préalable obligatoire afin de prévenir la naissance d'un litige devant le juge.

2. Le droit des marchés publics connaît de nombreux recours administratifs préalables.

Ainsi, l'ensemble des CCAG comportent des dispositions spécifiques concernant le règlement des litiges et imposent, en particulier, un recours préalable.

Par exemple, l'article 37 du CCAG.-marché public de fournitures courantes et de services précise que le pouvoir adjudicateur et le titulaire s'efforceront de régler à l'amiable tout différend éventuel relatif à l'interprétation des stipulations du marché ou à l'exécution des prestations objet du marché.

Surtout, tout différend entre le titulaire et le pouvoir adjudicateur doit faire l'objet, de la part du titulaire, d'un mémoire de réclamation exposant les motifs et indiquant, le cas échéant, le montant des sommes réclamées. Ce mémoire doit être communiqué au pouvoir adjudicateur dans le délai de deux mois, courant à compter du jour où le différend est apparu, sous peine de forclusion.

Le pouvoir adjudicateur dispose d'un délai de deux mois, courant à compter de la réception du mémoire de réclamation, pour notifier sa décision. L'absence de décision dans ce délai vaut rejet de la réclamation.

3. La méconnaissance par le cocontractant de l'obligation ainsi posée est de nature à provoquer l'irrecevabilité d'un éventuel recours juridictionnel (CE, 15 oct. 1976, Sté Nord Travaux et banque Dupont : Rec. CE 1976, p. 423).

II. La conciliation

1. La conciliation est un mode de résolution des litiges faisant intervenir un tiers (impartial) chargé, simplement, de proposer aux parties une solution satisfaisante pour elles.

2. Les parties ont toujours la faculté d'insérer dans leur contrat une procédure préalable de conciliation.

Dans un avis du 6 mars 1986, le Conseil d'État a considéré « qu'il est possible de subordonner par voie contractuelle la recevabilité d'une action devant le juge compétent à la saisine préalable d'une instance de conciliation ou d'un expert à la condition que cette instance ou cet expert se borne à émettre un avis »(EDCE, n° 38, p. 178).

De même, il a estimé, au contentieux cette fois, « qu'aucune disposition législative ou réglementaire ne fait obstacle à l'insertion, dans les contrats que passe l'administration, d'une clause prévoyant que les difficultés auxquelles donnent lieu ces contrats devront être soumises, préalablement à la saisine du juge administratif compétent, à l'avis d'une personne ou d'un organisme qu'ils désignent » (CE, 27 juill. 1984, Sté OTH Méditerranée : RD publ. 1985, p. 247).

Si les stipulations contractuelles rendent obligatoires la tentative de conciliation entre les parties, la méconnaissance par le cocontractant de ce préalable entraîne l'irrecevabilité d'un éventuel recours juridictionnel (CE, 6 oct. 1976, Kock : Rec. CE 1976, p. 396), sauf en matière de référé (CE, 21 oct. 1977, OPHLM ville Nice : Rec. CE 1977, p. 898).

3. Dans le domaine des marchés publics, la conciliation est particulièrement encadrée.

Ainsi, les dispositions de l'article 127 du code des marchés publics prévoient que les pouvoirs adjudicateurs et les titulaires de marchés publics peuvent recourir aux comités consultatifs de règlement amiable des différends ou litiges relatifs aux marchés publics. Ces comités ont pour mission de rechercher des éléments de droit ou de fait en vue d'une solution amiable et équitable.

La saisine d'un comité consultatif de règlement amiable interrompt le cours des différentes prescriptions.

Il convient d'indiquer que l'avis du comité, qui ne s'impose pas aux parties, est notifié au titulaire du marché ainsi qu'au pouvoir adjudicateur. La saisine du comité suspend les délais de recours contentieux jusqu'à la décision prise par le pouvoir adjudicateur après avis du comité.

4. Enfin, les dispositions de l'article L. 211-4 du code de justice administrative prévoient que, dans les tribunaux administratifs et les cours administratives d'appel, les chefs de juridiction peuvent, si les parties en sont d'accord, organiser une mission de conciliation et désigner à cet effet la ou les personnes qui en seront chargées.

Cette faculté est, évidemment, ouverte en matière de contrat administratif.

III. La transaction

1. Aux termes de l'article 2044 du code civil, « la transaction est un contrat par lequel les parties terminent une contestation née, ou préviennent une contestation à naître ». L'article 2052 du Code civil dispose enfin que « les transactions ont, entre les parties, l'autorité de la chose jugée en dernier ressort. Elles ne peuvent être attaquées pour cause d'erreur de droit, ni pour cause de lésion ».

Dans un avis du 6 décembre 2002, le Conseil d'État a estimé que cette autorité s'attachait également aux transactions administratives (CE, 6 déc. 2002, n° 249153, Synd. intercnal des établissements du second cycle du second degré du district de L'Haÿ-les-Roses, concl. G. Le Chatelier : BJCP 2003, n° 26, p. 54).

2. Si une transaction se caractérise par des concessions réciproques, les personnes publiques ne disposent pas d'une liberté absolue, la transaction ne devant pas avoir pour objet de payer purement et simplement au titulaire le prix du marché (CE, 23 mai 1979, Cne de Fontenay-le-Fleury : Rec. CE 1979, n° 226. – CE, 8 déc. 1995, Cne de Saint-Tropez : Juris- Rec. CE 1995, n° 431 ;

AJDA 1996, p. 448). D'une manière générale, la transaction ne saurait s'analyser en une libéralité (CE, 10 févr. 2014, n° 350265, SA Gecina).

3. En principe, une transaction a autorité de chose jugée. Aucune homologation par le juge n'est donc nécessaire. Cependant, le Conseil d'État a ouvert une action en homologation (CE, 6 déc. 2002, n° 249153, Synd. intercnal des établissements du second cycle du second degré du district de L'Haÿ-les-Roses : BJCP 2003, n° 26, p. 54, concl. G. Le Chatelier).

Elle peut être admise, indique le Conseil d'État, « dans l'intérêt général, lorsque la conclusion d'une transaction vise à remédier à une situation telle que celle créée par une annulation ou la constatation d'une illégalité qui ne peuvent donner lieu à régularisation, ou lorsque son exécution se heurte à des difficultés particulières ». Généralement, cette homologation sera demandée pour surmonter un blocage dû au refus d'un comptable public de payer les sommes dues au titre de la transaction.

Quoi qu'il en soit, le juge ne se bornera pas à homologuer sans contrôle l'accord trouvé entre les parties, allant même jusqu'à contrôler l'appréciation faite par les parties des indemnités (V. TA Melun, 11 mars 2003, n° 02-660, Synd. intercnal du district de l'Haÿ-les-Roses et Sté CDI 2000).

IV. L'arbitrage

1. En principe, les personnes publiques ne sauraient recourir à l'arbitrage qui est un procédé conventionnel, d'origine civiliste, choisi par les contractants, soit au moment de la conclusion du contrat (par une clause compromissoire), soit une fois le litige né.

En effet, l'administration « ne peut soustraire une affaire à ses juges naturels » (Cass. req., 25 janv. 1926 : DH 1926, p. 99) en confiant le règlement d'un litige à un juge privé, et non étatique.

2. Toutefois, il serait erroné d'affirmer que le recours à l'arbitrage serait totalement prohibé.

D'une part, le Conseil constitutionnel a précisé que l'interdiction pour les personnes publiques de recourir à l'arbitrage avait valeur législative et non constitutionnelle (Cons. const., 2 déc. 2004, déc. n° 2004-506 DC : *Journal officiel* 10 décembre 2004).

D'autre part, de nombreuses dispositions spécifiques autorisent la résolution d'un litige administratif par un arbitre.

Les dispositions de l'article L. 311-6 du code de justice administrative listent les dispositions prévoyant la possibilité de recourir à l'arbitrage et, en particulier :

- l'article 69 de la loi du 17 avril 1906 portant fixation du budget général des dépenses et des recettes de l'exercice 1906, repris à l'article 128 du code des marchés publics (« *Conformément à l'article 69 de la loi du 17 avril 1906 portant fixation du budget général des dépenses et des recettes de l'exercice 1906, l'État, les collectivités territoriales ou les établissements publics locaux peuvent, pour la liquidation de leurs dépenses de travaux et de fournitures, recourir à l'arbitrage tel qu'il est réglé par le livre IV du code de procédure civile* »);

- l'article 7 de la loi n° 75-596 du 9 juillet 1975 portant dispositions diverses relatives à la réforme de la procédure civile;
- l'article L. 321-4 du code de la recherche (« *Les établissements publics à caractère scientifique et technologique peuvent être autorisés à prendre des participations, à constituer des filiales, à participer à des groupements et à recourir à l'arbitrage en cas de litiges nés de l'exécution de contrats de recherche passés avec des organismes étrangers après approbation du conseil d'administration* ») ;
- les Articles L. 2111-14 du (« Réseau ferré de France a la capacité de transiger et de conclure des conventions d'arbitrage ») et Article L2141-5 (« La Société nationale des chemins de fer français a la capacité de transiger et de conclure des conventions d'arbitrage ») du code des transports.

3. L'on rappellera que le 13 mars 2007 a été rendu un Rapport sur l'arbitrage rédigé par un groupe de travail présidé par Daniel Labetoulle et destiné à promouvoir ce mode de règlement des différends. Aucune réforme d'ampleur privilégiant un mode souple et rapide de résolution des litiges n'a encore été envisagée à ce jour...

À retenir

- Les litiges contractuels ne trouvent pas nécessairement un règlement par une décision du juge administratif.
- Les modes de règlement des litiges administratifs sont diversifiés : recours administratif préalable, conciliation, transaction et arbitrage.

Pour en savoir plus

- Conseil d'État, *Régler autrement les conflits* : EDCE 1993.
- S. Lemaire, C. Jarrosson, L. Richer, *Pour un projet viable de réforme de l'arbitrage en droit administratif* : AJDA 2008, p. 31.

Pour s'entraîner

1) *Le département de A. a conclu en 1995 un contrat avec la société B. pour la gestion d'un centre de communication. Ce contrat est venu à expiration le 30 novembre 2010. Dans le cadre du règlement du solde du contrat, le département a émis quatre titres exécutoires, dont trois ont été contestés par cette société devant le juge administratif. La société soutient qu'a été méconnu l'article 40 du contrat prévoyant que «Les parties au présent contrat conviennent que les contestations sur l'interprétation ou l'exécution de celui-ci seront soumises à un expert désigné conjointement par la collectivité et le gérant dans un délai de quinze jours après la déclaration d'un litige par l'une d'entre elles.* [...] *À défaut de conciliation ou d'accord sur la désignation d'un expert, les contestations qui s'élèveront entre le gérant et la collectivité au sujet du présent contrat seront soumises au tribunal administratif compétent.» Qu'en pensez-vous ?*

2) *La chambre de commerce et d'industrie de A. a conclu en 2008 avec la société B. une convention ayant pour objet le développement d'une liaison aérienne régulière entre l'aéroport de C. et la ville de D. en Angleterre. Cette convention, expressément soumise au droit français, comportait une stipulation imposant le recours à l'arbitrage auprès de la cour d'arbitrage international de Londres, pour tout différend non résolu à l'amiable «découlant de ou en relation avec la Convention, y compris toute question concernant son existence, sa validité ou sa résiliation».*

   Par lettre du 17 février 2010, la société B. a notifié à la chambre de commerce sa décision de supprimer la ligne aérienne. La cour d'arbitrage international de Londres, par une sentence avant-dire droit rendue le 22 juillet 2011, s'est déclarée compétente pour connaître du litige et a en conséquence refusé de surseoir à statuer jusqu'à ce que le juge administratif, saisi par la chambre de commerce, se soit prononcé sur le même litige. Par une sentence de 2012, la même juridiction arbitrale a confirmé la validité de la résiliation de la convention.

   La chambre de commerce saisit le Conseil d'État et lui demande d'annuler cette sentence arbitrale, et à titre subsidiaire, de constater qu'elle ne peut pas être reconnue ou exécutée en France. Qu'en pensez-vous ?

Corrigé

1. Ces stipulations contractuelles faisaient obstacle à ce que le département émette directement des titres exécutoires pour le règlement des sommes correspondant à une contestation relative à l'exécution du contrat, sans mettre préalablement en œuvre la procédure de concertation consistant en une déclaration de litige et à la désignation conjointe d'un expert. Les titres de perception émis, pour le recouvrement des sommes correspondant à cette contestation, en méconnaissance de l'obligation contractuelle de mise en œuvre de la procédure de conciliation préalable, paraissent donc entachés d'illégalité (CE, 28 janvier 2011, n°331986).

2. Selon la jurisprudence administrative (CE, 19 avril 2013, n°352750), le recours dirigé contre une sentence arbitrale rendue en France relève de la compétence du juge administratif et il est porté devant le Conseil d'État en application de l'article L. 321-2 du code de justice administrative. En revanche, dans le cas où la sentence arbitrale a été rendue par une juridiction siégeant à l'étranger, la juridiction administrative française est incompétente pour connaître d'un recours dirigé contre cette sentence.

Dans le cas d'espèce, la sentence arbitrale ayant été rendue à l'étranger, le Conseil d'État est donc incompétent pour connaître d'un recours dirigé contre elle.

Par ailleurs, quel que soit le siège de la juridiction arbitrale qui a statué sur un litige né d'un tel contrat, le juge administratif est toujours compétent pour connaître d'une demande tendant à l'exequatur de la sentence, dont l'exécution forcée ne saurait être autorisée si elle est contraire à l'ordre public. Or cette demande relève en premier ressort du tribunal administratif en application de l'article L. 311-1 du code de justice administrative.

Si une demande tendant à l'exequatur de cette sentence a été formulée (ce qui n'apparaît pas en l'espèce), le Conseil d'État serait donc encore incompétent.

Le contentieux des référés

Fiche **25**

Définitions

Juge des référés : Juge de l'urgence, le juge des référés statue par des mesures qui présentent un caractère en principe provisoire, même s'il existe de notables exceptions.

Pouvoir adjudicateur : Au sens du code des marchés publics, les pouvoirs adjudicateurs sont l'État et ses établissements publics autres que ceux ayant un caractère industriel et commercial, ainsi que les collectivités territoriales et les établissements publics locaux. Le droit européen a une approche plus large au travers de la notion d'organisme de droit public.

Entité adjudicatrice : Pouvoir adjudicateur poursuivant une activité d'opérateur de réseau.

Juge notamment de l'urgence, le juge des référés intervient fréquemment dans le contentieux tant de la formation (**I.**) que de l'exécution (**II.**) des contrats administratifs.

I. Les référés et la formation du contrat

Sous l'influence du droit européen, ont été institué un référé précontractuel (**A.**) et un référé contractuel (**B.**).

A. Le référé précontractuel

1. Procédure d'origine communautaire (Cons. UE, dir. 89/665/CEE, 21 déc. 1989, dite directive « Recours » : *Journal officiel* des communautés européennes 30 décembre 1989, pour les pouvoirs adjudicateurs et Cons. UE, dir. 92/13/CEE, 25 févr. 1992 : *Journal officiel* des communautés européennes 23 mars 1992, p. 14, pour les entités adjudicatrices), le référé précontractuel est codifié aux articles L. 551-1 et suivants du code de justice administrative.

2. Selon l'article L. 551-1 du code de justice administrative, un référé précontractuel peut être introduit en cas de manquement aux obligations de publicité et de mise en concurrence auxquelles est soumise la passation par les pouvoirs adjudicateurs de contrats administratifs ayant pour objet l'exécution de travaux, la livraison de fournitures ou la prestation de services, avec une contrepartie économique constituée par un prix ou un droit d'exploitation, ou la délégation d'un service public.

Un référé précontractuel peut donc être introduit à l'encontre de tous les contrats de commande publique (marché public, contrat de partenariat...) et de délégation de service public, à l'exclusion des contrats de subvention (CE, sect., 26 mars 2008, n° 284412, Région Réunion : Rec. CE 2008, p. 114), des contrats d'occupation domaniale (CE, sect., 3 déc. 2010, n° 338272, n° 338527, Ville de Paris et Assoc. Paris Jean Bouin : Rec. CE 2010, p. 472) ou des contrats de cession immobilière (CAA Douai, 25 oct. 2012, n° 11DA01951, sté Immobilière Carrefour).

2. Les personnes habilitées à engager ce recours sont celles qui ont un intérêt à conclure le contrat (art. L. 551-10 du code de justice administrative). La spécialité d'une société suffit à établir son intérêt à conclure un contrat, et par suite à agir sur le fondement de l'article L. 551-1 du Code de justice administrative, sans qu'elle ait à établir qu'elle a été empêchée d'être candidate (CE, 8 août 2008, n° 307143, Région Bourgogne : Rec. CE 2008, tables, p. 819).

En outre, sont fondés à agir le représentant de l'État dans le cas où le contrat doit être conclu par une collectivité territoriale ou un établissement public local (art. L. 551-10 du code de justice administrative).

Enfin, sauf si la demande porte sur des marchés ou contrats passés par l'État, elle peut également être présentée par celui-ci, lorsque la Commission européenne lui a notifié les raisons pour lesquelles elle estime qu'une violation grave des obligations de publicité et de mise en concurrence applicables a été commise (art. L. 551-10 du code de justice administrative).

3. Le référé précontractuel peut être formé jusqu'à la conclusion du contrat (CJA, art. L. 551-1, al. 2). La signature du contrat rend donc le référé précontractuel irrecevable, même si la validité de la signature est manifestement contestable (CE, 7 mars 2005, n° 270778, Sté Grandjouan-Saco : Rec. CE 2005, p. 96).

4. Alors que la jurisprudence admettait que tout manquement aux règles de publicité et de mise en concurrence – et seulement ceux-là (CE, 24 oct. 2001, Collectivité territoriale de Corse : Rec. CE 2001, p. 485) – pouvait être invoqué, même s'il n'avait effectivement pas lésé le requérant (CE, 19 oct. 2001, n° 233173, Sté Alstom Transport SA : Rec. CE 2001, tables, p. 1038), le Conseil d'État est intervenu en 2008 pour limiter l'utilisation du référé précontractuel (CE, sect. 3 oct. 2008, n° 305420, Synd. mixte intercnal de réalisation et de gestion pour l'élimination des ordures ménagères du secteur est de la Sarthe, Rec. CE 2008, p. 324).

En effet, il est dorénavant considéré que les personnes habilitées à agir pour mettre fin aux manquements du pouvoir adjudicateur à ses obligations de publicité et de mise en concurrence sont celles susceptibles d'être lésées par de tels manquements.

Il appartient dès lors au juge des référés précontractuels de rechercher si l'entreprise qui le saisit se prévaut de manquements qui, eu égard à leur portée et au stade de la procédure auquel ils se rapportent, sont susceptibles de l'avoir lésée ou risquent de la léser, fût-ce de façon indirecte, en avantageant une entreprise concurrente.

5. Les pouvoirs du juge divergent selon qu'il connaît d'un contrat conclu par un pouvoir adjudicateur ou une entité adjudicatrice.

Si le contrat est conclu par un pouvoir adjudicateur, le juge peut ordonner à l'auteur du manquement de se conformer à ses obligations et suspendre l'exécution de toute décision qui se rapporte à la passation du contrat, sauf s'il estime, en considération de l'ensemble des intérêts susceptibles d'être lésés et notamment de l'intérêt public, que les conséquences négatives de ces mesures pourraient l'emporter sur leurs avantages.

Il peut, en outre, annuler les décisions qui se rapportent à la passation du contrat et supprimer les clauses ou prescriptions destinées à figurer dans le contrat et qui méconnaissent lesdites obligations (CJA, art. L. 551-2).

Si la procédure concerne une entité adjudicatrice, le juge du référé précontractuel dispose des pouvoirs d'injonction et de suspension, mais il ne dispose pas de pouvoirs d'annulation.

En tout état de cause, le requérant ne saurait demander au juge, sur ce fondement, de condamner une partie au paiement de dommages et intérêts (V. par ex. TA Versailles, 12 avr. 2008, n° 0802904, sté Atlantic Air Industries et sé Satori).

B. Le référé contractuel

1. Le référé contractuel provient lui aussi d'une initiative européenne (PE et Cons. UE, dir. 2007/66/CE, 11 déc. 2007, modifiant Cons. UE, dir. 89/665/CEE, 21 déc. 1989, dite « recours », pour les pouvoirs adjudicateurs. – Cons. UE, dir. 92/13/CEE, 25 févr. 1992 : *Journal officiel* de l'union européenne 20 Aout 2009, pour les entités adjudicatrices) et il a été transposé en droit français aux articles L. 551-13 à L. 551-23 et R. 551-7 à R. 551-10 du code de justice administrative.

2. Cette procédure permet à un opérateur économique qui aurait eu un intérêt à conclure un contrat de commande publique d'en contester en urgence la validité, après sa signature.

Toutefois, un opérateur économique n'est recevable à former un référé contractuel que s'il n'a pas été mis en mesure de présenter utilement un référé précontractuel.

Concrètement, cette situation se présentera quand le pouvoir adjudicateur a fait échec au référé précontractuel en signant prématurément le contrat.

3. Le délai pour former un référé contractuel est de 31 jours suivant la publication d'un avis d'attribution du contrat. À défaut d'une telle publication, il est de six mois à compter du lendemain de la date de signature du contrat.

4. En application des articles L. 551-18 et suivants du code de justice administrative, le juge prononce la nullité du contrat lorsqu'aucune des mesures de publicité requises pour sa passation n'a été prise, ou lorsqu'a été omise une publication au *Journal officiel* de l'Union européenne dans le cas où une telle publication était prescrite.

L'annulation est encore prononcée lorsqu'ont été méconnues les modalités de remise en concurrence prévues pour la passation des contrats fondés sur un accord-cadre ou un système d'acquisition dynamique.

Enfin, et c'est ce qui a justifié l'institution de cette procédure, le juge prononce la nullité du contrat lorsque celui-ci a été signé avant l'expiration du délai exigé après l'envoi de la décision d'attribution aux opérateurs économiques ayant présenté une candidature ou une offre.

Ces moyens sont limitatifs (CE, 19 janv. 2011, n° 343435, sté Grand Port maritime du Havre (GPMH) : Rec. CE 2011, p. 11).

II. Les référés et l'exécution du contrat

Durant l'exécution du contrat, les parties ont la faculté d'introduire un référé-suspension (**A.**), un référé-conservatoire ou mesures utiles (**B.**), un référé-constat et un référé-instruction (**C.**) et un référé-provision (**D.**).

A. Le référé-suspension

Les dispositions de l'article L. 521-1 du code de justice administrative ouvrent la faculté au juge des référés de suspendre l'exécution d'un acte administratif.

En matière contractuelle, le cocontractant de l'administration ne pourra obtenir la suspension d'un acte pris lors de l'exécution du contrat qu'à la condition que le juge administratif dispose du pouvoir de l'annuler car un référé-suspension est toujours l'accessoire d'un recours en annulation. Or, en principe, le juge administratif ne dispose pas du pouvoir d'annulation en matière contractuelle (v. *infra* **Fiche n° 26**).

L'on précisera que, dans le cadre de la jurisprudence Béziers II (CE, sect., 21 mars 2011, n° 304806, Commune de Béziers : Rec. CE 2011, p. 117 – v. *infra*

Fiche n° 26), le juge administratif se reconnaît le pouvoir de suspendre la résiliation du contrat.

B. Le référé-conservatoire ou mesures utiles

En cas d'urgence et sur simple requête qui sera recevable même en l'absence de décision administrative préalable, le juge des référés peut ordonner toutes mesures utiles sans faire obstacle à l'exécution d'aucune décision administrative (CJA, art. L. 521-3).

Par une telle procédure, le juge ne pourra évidemment suspendre l'exécution totale d'un marché public car, alors, il ferait obstacle à l'exécution de décisions administratives et notamment aux ordres de service pris en exécution du marché litigieux (CE, 8 juill. 2009, n° 320143, Sté Eurelec aquitaine : AJDA 2009, p. 1404, obs. S. Brondel).

Par contre, le juge pourra ordonner au cocontractant de l'administration de prendre dans le cadre des obligations prévues au contrat toute mesure nécessaire à la continuité du service public (CE, 29 juill. 2002, n° 243500, CH Armentières : BJCP 2002, p. 470, concl. P. Collin), de mettre à la disposition de la personne publique le matériel nécessaire pour assurer la continuité du service (CE, 30 oct. 1963, SARL Sonetra : Rec. CE 1963, p. 520), de communiquer des documents (CE, 5 déc. 1990, Assoc. Te pohue la metai ote henna : Rec. CE 1990, p. 920), ou encore de libérer le domaine public (CE, 10 oct. 2007, n° 305129, Communauté urbaine Lyon : BJCP 2008, p. 225).

C. Le référé-constat et le référé-instruction

Le référé-constat autorise le juge des référés à désigner un expert pour constater, sans délai, les faits qui seraient susceptibles de donner lieu à un litige devant la juridiction (CJA, art. R. 531-1). Quant au référé-instruction, il lui permet prescrire toute mesure utile d'expertise ou d'instruction (CJA, art. R. 531-2). Ces procédures sont généralement utilisées dans les contentieux relatifs à la construction d'ouvrage publics.

D. Le référé-provision

Selon l'article R. 541-1 du code de justice administrative, « le juge des référés peut, même en l'absence d'une demande au fond, accorder une provision au créancier qui l'a saisi lorsque l'existence de l'obligation n'est pas sérieusement contestable. Il peut, même d'office subordonner le versement de la provision à la constitution d'une garantie ».

Il est ainsi possible d'allouer une provision à un cocontractant sur les acomptes dus à une partie, et ce alors même que le décompte général définitif du marché n'a pas encore été établi (CE, 3 déc. 2003, n° 253748, Sté Bernard travaux Polynésie : AJDA 2004, p. 1358, chron. Landais et Lénica).

À retenir

- Le contentieux des référés s'est développé en droit administratif.
- Certaines procédures intéressent exclusivement la matière contractuelle (référé précontractuel et référé contractuel).
- D'autres procédures, non spécifiquement cantonnées à la matière contractuelle, peuvent être utilisées dans le contentieux contractuel (référé-suspension, référé-provision, référé « mesures utiles »).

Pour en savoir plus

- J.-P. Cassia, *La pratique des référés précontractuels* : Litec, 2008.
- O. Clerc, *Référé contractuel et recours en contestation de validité du contrat : superposition ou substitution ?* : JCP A 2010, 2082.
- B.-J. Momas, *Référé-suspension et contentieux précontractuel* : AJDA 2004, p. 1116.
- A. Sayede Hussein, *Le juge du référé-suspension de droit commun et le contrat administratif : un bilan jurisprudentiel mitigé* : Contrats et Marchés publics n° 5, mai 2014, étude 6.

Pour s'entraîner

La commune de A. a lancé une procédure d'appel d'offres en vue de l'attribution d'un marché ayant pour objet la réalisation de prestations intellectuelles de services informatiques en mode « unités d'œuvre forfaitisées et de prestations associées », composé de dix lots dont un lot relatif à des prestations de « maîtrise d'ouvrage déléguée d'applications informatiques ». La société B. a présenté une offre pour ce lot, offre cependant classée 4 sur 5 et rejetée par la Commune. Mécontente, cette dernière introduit un référé précontractuel et sollicite du juge administratif l'annulation de la procédure de passation de ce lot. Selon la société, la commune a méconnu les dispositions de l'article 5 du code des marchés publics en ne précisant pas suffisamment la nature et l'étendue des besoins à satisfaire et en prévoyant, pour chacun des lots du marché. Qu'en pensez-vous ?

Corrigé

L'on peut douter que le juge retienne ce moyen car le manquement invoqué ne paraît pas avoir lésé la société. En effet, la société a déposé une offre, laquelle paraît avoir été jugée régulière par la commune qui l'a examinée et classée. La société n'a donc pas été empêchée de concourir (v. CE, 18 décembre 2012, n°363208).

L'on mesure ainsi les effets de la jurisprudence SMIRGEOMES (CE, sect. 3 oct. 2008, n° 305420, Synd. mixte intercnal de réalisation et de gestion pour l'élimination des ordures ménagères du secteur est de la Sarthe : préc.). En effet, avant 2008, la jurisprudence admettait que tout manquement aux règles de publicité et de mise en concurrence pouvait être invoqué, même s'il n'avait pas effectivement lésé le requérant (CE, 19 oct. 2001, n° 233173, Sté Alstom Transport SA : préc.). En 2008, l'on est donc passé d'un recours objectif à un recours subjectif puisqu'il appartient au juge des référés précontractuels de rechercher si l'entreprise qui le saisit se prévaut de manquements qui, eu égard à leur portée et au stade de la procédure auquel ils se rapportent, sont susceptibles de l'avoir lésée ou risquent de la léser, fût-ce de façon indirecte en avantageant une entreprise concurrente.

Les parties et le contentieux contractuel

Fiche **26**

Définition

Plein contentieux/Pleine juridiction : Dans le cadre d'un recours de plein contentieux, le juge peut aller au-delà de la simple annulation d'une décision et condamner l'administration au paiement d'une somme d'argent ou le cas échéant remplacer la décision dont il est saisi par sa propre décision.

Seront successivement aménagés le contentieux de la formation du contrat (**I.**) puis le contentieux de l'exécution du contrat (**II.**).

I. Le contentieux de la formation du contrat

1. Contrairement au droit civil où l'on distingue entre les nullités relatives et les nullités absolues, ces dernières pouvant être soulevées même par des tiers au contrat, la jurisprudence administrative a, jusqu'aux décisions «Tropic» et «Département du Tarn-et-Garonne» (v. *infra* **Fiche n° 27**), fermé le contentieux de la nullité aux tiers.

De rares exceptions étaient toutefois admises puisque la jurisprudence a ouvert ce recours au mandataire et au mandat (CE, 9 déc. 1987, Ch. agr. Deux-Sèvres : Rec. CE 1987, p. 404; CJEG 1988, p. 108, obs. F. Moderne. – CE, 14 déc. 1988, Établissement public aménagement ville nouvelle Saint-Quentin-en-Yvelines : Rec. CE 1988, p. 890; LPA 7 juill. 1989, p. 4, note F. Moderne) et que le législateur a prévu que tout contribuable inscrit au rôle de la commune a le droit d'exercer, tant en demande qu'en défense, à ses frais et risques, avec l'autorisation du tribunal administratif, les actions qu'il croit appartenir à la commune et que celle-ci, préalablement appelée à en délibérer, a refusé ou négligé d'exercer» (art. L. 2132-5 du Code général des collectivités territoriales), ce qui inclut le contentieux contractuel.

En outre, réservant le contentieux de la validité du contrat initié par les parties au seul juge du contrat, ces dernières ne peuvent donc saisir le juge de l'excès de pouvoir.

2. Dérogation à la règle traditionnelle du contentieux administratif qui veut que le juge soit toujours saisi d'une décision, le recours en contestation de validité n'exige pas que soit provoquée, préalablement à la saisine du juge, la formation d'une décision préalable.

3. En matière de contentieux contractuel, l'action en nullité n'est pas enfermée dans un délai de procédure. Simplement, la partie qui estime devoir contester la validité du contrat devra saisir le juge avant échéance du délai de prescription.

Bâtie au regard des règles du droit privé, le délai de droit commun de la prescription de l'article 2262 du code civil de 30 ans était applicable. (CE, 9 juill. 1937, Cne Arzon : Rec. CE 1937, p. 680). La réforme de la prescription en matière civile par la loi n° 2008-561 du 17 juin 2008 a ramené à 5 ans, sauf texte contraire, les délais de prescription et les délais sont donc identiques pour les deux sortes de nullité (B. Plessix, La réforme de la prescription en matière civile et le droit administratif : RFD adm. 2008, p. 1219).

4. Par un arrêt du 28 décembre 2009 dit « Béziers I », le Conseil d'État a refondé le contentieux de la nullité du contrat (CE, ass., 28 déc. 2009, n° 304802, Cne Béziers : RFD adm. 2010, p. 506, concl. E. Glaser, note D. Pouyaud).

Selon le Conseil d'État, il appartient, lorsqu'il constate l'existence d'irrégularités, d'en apprécier l'importance et les conséquences, après avoir vérifié que les irrégularités dont se prévalent les parties sont de celles qu'elles peuvent, eu égard à l'exigence de loyauté des relations contractuelles, invoquer devant lui.

Par conséquent, les parties ne peuvent soulever n'importe quel vice affectant la validité du contrat afin que les parties ne puissent échapper au contrat en arguant d'une irrégularité dont elles avaient, par exemple, connaissance, ce qui serait déloyal.

Il revient alors au juge, après avoir pris en considération la nature de l'illégalité commise et en tenant compte de l'objectif de stabilité des relations contractuelles :

- soit de décider que la poursuite de l'exécution du contrat est possible, éventuellement sous réserve de mesures de régularisation prises par la personne publique ou convenues entre les parties ;
- soit de prononcer (le cas échéant avec un effet différé), après avoir vérifié que sa décision ne portera pas une atteinte excessive à l'intérêt général, la résiliation du contrat ou, en raison seulement d'une irrégularité invoquée par une partie ou relevée d'office par lui, tenant au caractère illicite du contenu du contrat ou à un vice d'une particulière gravité relatif notamment aux conditions dans lesquelles les parties ont donné leur consentement, son annulation.

Par conséquent, le juge dispose de pouvoirs particulièrement étendus pour adapter la sanction de l'invalidité du contrat aux circonstances du litige.

II. Le contentieux de l'exécution du contrat

A. Avant l'arrêt Béziers II (2012)

1. De façon particulièrement paradoxale, alors que le juge du contrat était censé disposer des pouvoirs les plus entiers, le juge du contrat n'avait pas le pouvoir de prononcer, à la demande de l'une des parties, l'annulation de mesures prises par l'autre partie, ce qui résulterait d'une jurisprudence ancienne (CE, 20 févr. 1868 « Goguelat » : Rec. CE 1868, p. 198).

Par conséquent, le juge du contrat ne pouvait qu'indemniser le cocontractant, même après que celui-ci ait subi une résiliation abusive du contrat.

2. À titre exceptionnel toutefois, la jurisprudence avait admis que les parties (et non les tiers qui ne pouvaient encore que saisir le juge de l'excès de pouvoir) puisse obtenir l'annulation d'une mesure prise dans l'exécution du contrat.

Cette exception a concerné les contrats de concession de services publics ou de travaux publics (CE, 20 janv. 1905, Cie dptale des eaux : Rec. CE 1905, p. 54, concl. Romieu) au motif que de tels contrats de longue durée ont nécessité des investissements qui doivent être amortis normalement pendant toute la durée du contrat.

B. La jurisprudence Béziers II (2012)

Le litige opposant les communes de Béziers et de Villeneuve-lès-Béziers à propos du reversement par la seconde d'une fraction de la taxe professionnelle perçue à la suite de l'extension d'une zone industrielle a donné lieu à deux grands arrêts.

D'abord, l'arrêt dit *Béziers I* (CE, ass., 28 déc. 2009, n° 304802, Cne Béziers : RFDA 2010, p. 506, concl. E. Glaser) qui traitait de la possibilité pour les parties de se prévaloir d'une irrégularité affectant le contrat pour être libérées de leurs obligations contractuelles.

Ensuite, l'arrêt dit *Béziers II* (CE, sect., 21 mars 2011 n° 304806, Cne de Béziers : JCP G 2011, 658, note Ubaud-Bergeron) relatif, lui, à la possibilité pour le cocontractant de l'administration d'obtenir l'annulation d'une mesure d'exécution du contrat.

Dans ce dernier arrêt, le Conseil d'État a considéré que « le juge du contrat, saisi par une partie d'un litige relatif à une mesure d'exécution d'un contrat, peut seulement, en principe, rechercher si cette mesure est intervenue dans des conditions de nature à ouvrir droit à indemnité ; que, toutefois, une partie à un contrat administratif peut, eu égard à la portée d'une telle mesure d'exécution, former devant le juge du contrat un recours de plein contentieux contestant la validité de la résiliation de ce contrat et tendant à la reprise des relations contractuelles ».

Par conséquent, la mesure la plus grave qui soit (la résiliation) peut être annulée par le juge qui ordonnera donc la reprise des relations contractuelles à la demande du cocontractant.

Toutefois, le juge administratif ne prononcera cette reprise des relations contractuelles que dans des situations exceptionnelles. En particulier, le Conseil d'État a précisé qu'il incombe en principe au juge du contrat d'effectuer une sorte de bilan coût-avantage pour évaluer les avantages et les inconvénients d'une éventuelle reprise des relations contractuelles.

En outre, le juge administratif doit s'assurer, avant d'ordonner la reprise et ce éventuellement d'office, de la validité du contrat. Si celui-ci est entaché de graves irrégularités, la reprise des relations contractuelles ne pourra être ordonnée (CE, 1er oct. 2013, n° 349099, Société Espace Habitat Construction : JCP éd. A, 2014, 2196, note H. Pauliat).

À retenir

- Le contentieux de la validité du contrat était réservé aux seules parties au contrat, jusqu'aux décisions « Tropic » et « Département du Tarn-et-Garonne ».
- Le contentieux de la validité du contrat est dominé par le principe de loyauté contractuelle (« Béziers I »).
- Depuis l'arrêt dit « Béziers II », le juge du contrat se reconnaît des pouvoirs très étendu, lorsqu'il est saisi d'un litige relatif à l'exécution du contrat.

Pour en savoir plus

- J.-F. Lafaix, *Essai sur le traitement des irrégularités dans les contrats de l'Administration*. Nouvelle bibliothèque des thèses : Dalloz, 2009.
- J.-F. Sestier, *La loyauté dans l'exécution des relations contractuelles : un standard juridique commode ?*, Mél. Laurent Richer, LGDJ 2013, p. 451.

Pour s'entraîner

1) *Par acte d'engagement du 10 juillet 2008, la commune de A. a conclu avec M. B, architecte, un marché négocié ayant pour objet des prestations de services d'architecture. Par un courrier en date du 30 novembre 2001, la commune a informé l'architecte de sa décision de mettre fin au marché litigieux. Ce dernier a, en application du cahier des clauses techniques particulières, demandé le paiement d'une somme de 80 000 euros. En raison du rejet de sa demande par le commune, l'architecte a saisi le juge administratif. Pour éviter d'avoir à payer cette somme, la commune soutient que ce marché aurait été fractionné pour contourner les règles de passation du code des marchés publics. Il serait donc nul. Qu'en pensez-vous ?*
2) *En 1986, le conseil municipal de A. a autorisé le maire de cette commune à signer un contrat avec une association pour la construction d'une résidence pour personnes âgées sur une dépendance du domaine public. À cette fin, la commune a conféré à l'association des droits réels sur ce terrain. En 2013, la commune décide de résilier ce contrat et, invoquant la jurisprudence « Béziers II », le cocontractant demande la reprise des relations contractuelles. Qu'en pensez-vous ?*

Corrigé

1) Le fractionnement d'un marché consiste à conclure plusieurs petits marchés pour que ceux-ci aient un montant inférieur au seuil, par exemple, d'appel d'offres afin de choisir librement un contractant. Il s'agit, bien évidemment, d'une manœuvre assez grossière et illégale.

Par conséquent, l'on pourrait être tenté de considérer que le juge serait ainsi dans l'obligation de constater la nullité du contrat.

Pourtant, le Conseil d'État a jugé, en application de la jurisprudence « Béziers I » que, saisi d'une telle irrégularité, le juge n'en devait pas moins rechercher si, eu égard d'une part à la gravité de l'irrégularité et d'autre part aux circonstances dans lesquelles elle avait été commise, le litige ne pouvait être réglé quand même sur le fondement du contrat (E, 12 janv. 2011, n° 338551, Manoukian : Contrats-Marchés publ. 2011, comm. 88, note J.-P. Pietri).

2) L'on sait que si le juge du contrat, saisi par une partie d'un litige relatif à une mesure d'exécution d'un contrat, peut seulement, en principe, indemniser le cocontractant, ce dernier est toutefois fondé à former devant le juge du contrat un recours de plein contentieux contestant la validité de la résiliation de ce contrat et tendant à la reprise des relations contractuelles.

Pourtant, la reprise des relations contractuelles paraît, en l'espèce impossible. En effet, la commune a, par la convention, accordé un droit réel sur une dépendance du domaine public en 1986. Or cette possibilité n'a été consacrée que par la loi du 5 janvier 1988 d'amélioration de la décentralisation. Au jour de la conclusion, son objet était donc illicite.

Eu égard à la nature de cette irrégularité qui conduirait le juge, s'il était saisi d'un recours de plein contentieux contestant la validité du contrat, à prononcer la résiliation ou l'annulation de ce contrat, le juge ne pourra que rejeter les conclusions du cocontractant tendant à la reprise des relations contractuelles (v. CE, 1er oct. 2013, n° 349099, Société Espace Habitat Construction).

Les tiers et le contentieux contractuel

Fiche **27**

Définitions

Recours pour excès de pouvoir : Dans le cadre du recours pour excès de pouvoir, le juge est saisi de la légalité d'une décision administrative et ses pouvoirs se limitent à l'annulation de cette décision.

Plein contentieux/Pleine juridiction : Dans le cadre d'un recours de plein contentieux, le juge peut aller au-delà de la simple annulation d'une décision et condamner l'administration au paiement d'une somme d'argent ou le cas échéant remplacer la décision dont il est saisi par sa propre décision.

Entre les tiers, il convient de distinguer les tiers ordinaires, tels les concurrents évincés ou les usagers (**I.**) et le préfet (**II.**).

I. Les recours des tiers ordinaires

Traditionnellement, les tiers au contrat administratif avaient les plus grandes difficultés pour contester la validité d'un contrat administratif puisqu'ils ne pouvaient saisir le juge du contrat ayant seul compétence pour en déclarer l'invalidité. Aussi le Conseil d'État leur a ouvert le recours pour excès de pouvoir (**A.**). Puis, pour remédier aux difficultés juridiques qui persistaient, il a ouvert le plein contentieux aux concurrents évincés (**B.**) dans un premier temps et, dans un second, à l'ensemble des tiers (**C.**).

A. L'ouverture du recours pour excès de pouvoir aux tiers

1. Afin de remédier à l'interdiction faite aux tiers de critiquer un contrat susceptible de préjudicier à leurs intérêts, le Conseil d'État leur avait ouvert la voie du recours pour excès de pouvoir.

Ainsi, un tiers pouvait contester des actes détachables antérieurs à la conclusion du contrat. Le Conseil d'État a, d'abord, admis la recevabilité d'un recours en annulation fondé sur des moyens de légalité contre un acte préparatoire d'un contrat privé (CE, 11 déc. 1903, Cne Gorre : S. 1906, 3, p. 49, note Hauriou), puis contre une délibération relative à un contrat administratif (CE,

4 août 1905, Martin : DP1907, 3, p. 49, concl. Romieu). Naturellement, ce recours était irrecevable en tant qu'il était dirigé contre le contrat lui-même ou certaines de ses clauses (CE, 14 mars 1997, n° 119055, Cie d'aménagement des coteaux de Gascogne : Rec. CE 1997, p. 638; RFDA 1997, p. 349, note Delvolvé), sauf s'il s'agissait de « dispositions réglementaires » (CE, ass., 10 juill. 1996 Cayzeele : RFDA 1997, p. 89, note Delvolvé) ou si le contrat était un contrat de recrutement d'agent public (CE, sect., 30 oct. 1998, n° 149663, Ville Lisieux : RFDA 1999, p. 128, concl. Stahl et note Pouyaud).

Pouvaient ainsi être contestés par des tiers au contrat la délibération se prononçant sur le principe d'une délégation de service public (CE, 24 nov. 2010, n° 318342, Ass. fédérale d'action régionale pour l'environnement : Contrats-Marchés publ. 2011, comm. 21, note Eckert), les actes de passation (CE, 8 déc. 1995, n° 144029, Cne Saint-Tropez : AJDA 1996, p. 448) et d'approbation du contrat (CE, 2 déc. 1983, CSMF : Rec. CE 1983, p. 469; AJDA 1983, p. 664, chron. Lasserre et Delarue), ainsi que la décision de signer un contrat (CE, 9 nov. 1934, Ch. com. Tamatave : Rec. CE 1934, p. 1034).

2. Toutefois, selon un principe traditionnel, l'annulation d'un acte détachable n'avait pas d'effet direct sur le contrat.

Dans ses conclusions sur l'arrêt *Martin*, Romieu précisait que « cette annulation n'aura et ne pourra avoir par elle-même aucun effet direct sur le contrat auquel le juge de l'excès de pouvoir ne peut toucher » (DP 1907, 3, p. 49). Quant au Conseil d'État, il avait indiqué dans un avis que l'administration n'est tenue qu'à la seule obligation « de décider sous le contrôle du juge de la suite à donner à l'exécution du contrat en cause ». Ainsi que l'explique le Conseil d'État, « le principe de légalité qui inspire l'action de l'Administration peut conduire celle-ci à la suite de l'annulation de l'acte détachable du contrat, et selon les mécanismes propres à chaque espèce, à saisir le juge du contrat pour lui demander d'en prononcer la nullité ou le résilier elle-même » (EDCE 1989, n° 41, p. 127; CJEG 1991, p. 122, note B. Pacteau et p. 115). Dès lors, l'administration avait la faculté soit de résilier le contrat, soit de saisir le juge pour qu'il en constate la nullité, soit... de poursuivre son exécution.

Pour contourner ces difficultés, le Conseil d'État a usé de ses pouvoirs d'injonction pour contraindre l'administration à saisir le juge pour qu'il constate la nullité du contrat, soit après l'annulation de l'acte détachable (CE, sect., 7 oct. 1994, Époux Lopez n° 124244 : RFDA 1994, p. 1090, concl. Schwartz et p. 1098, note Pouyaud), soit dans la décision même prononçant l'annulation de l'acte détachable (CE, sect., 26 mars 1999, n° 202256, Sté Hertz : RFDA 1999, p. 977, note Pouyaud).

Ainsi, la saisine du juge n'avait-elle pas nécessairement pour effet de provoquer l'annulation du contrat puisque le juge disposait d'un pouvoir d'appréciation

(CE, 1er oct. 1993, n° 54660, Sté Yacht-Club intern. de Bormes-les-Mimosas : RFDA 1994, p. 428, note B. Pacteau).

B. L'ouverture du plein contentieux aux concurrents évincés

1. Par l'arrêt *Société Tropic travaux signalisation*, prononcé le 16 juillet 2007 par le Conseil d'État (CE, 16 juill. 2007, n° 291545 : Rec. CE 2007, p. 360; Contrats-Marchés publ. 2007, repère 8, F. LLorens et P. Soler-Couteaux) avait ouvert aux « concurrents évincés de la conclusion d'un contrat administratif » la possibilité de saisir le juge du contrat pour contester la validité du contrat lui-même ou de certaines de ses clauses.

Il s'agissait donc de créer un statut spécifique pour les entreprises et, en particulier, celles qui avaient participé ou auraient dû participer à une procédure de passation d'un contrat de commande publique ou de délégation de service public.

2. À titre principal, l'examen d'un recours « Tropic » était subordonné aux conditions de recevabilité suivantes :

- *Représentation par un avocat* :

Le recours « Tropic » étant un recours de pleine juridiction, la représentation par un avocat est obligatoire en application des articles R. 431-2, 1er alinéa du code de justice administrative.

- *Nature du contrat faisant l'objet du recours* :

Le contrat attaqué doit être un contrat administratif, et ce en application des critères textuels et jurisprudentiels énoncés précédemment (v. *supra* **Fiches n° 6 à 8**).

En outre, en liant la notion de contrat administratif à celle de « concurrent évincé », l'arrêt *Tropic* visait les seuls contrats administratifs dont la conclusion est précédée d'une procédure de mise en concurrence formalisée.

Il convient de préciser que ce recours ne saurait être introduit contre un avenant qui n'est pas soumis à une procédure formalisée, sauf dans l'hypothèse où l'avenant bouleverserait de manière substantielle l'économie, l'objet ou la nature du contrat.

- *Notion de « concurrent évincé »* :

Dans un arrêt du 16 novembre 2009 (CE, 16 nov. 2009, n° 328826 et 328974, Min. Immigration et a. : Contrats-Marchés publ. 2010, comm. 43, note J.-P. Pietri), le Conseil d'État a précisé que le requérant attributaire de certains lots et qui a signé les contrats correspondants n'est pas recevable à former un recours Tropic à l'encontre des contrats en question.

Surtout, le Conseil d'État a précisé que ce requérant est irrecevable à introduire un tel recours s'il n'a pas participé à la consultation, sauf à apporter des éléments justifiant qu'il aurait pu être candidat. Le Conseil d'État suit le même raisonnement en matière de référé précontractuel (CE, 8 juill. 2005, n° 268610, Communauté d'agglo. Moulins : Contrats-Marchés publ. 2005, comm. 241, note W. Zimmer).

- *Les délais de recours* :

Le Conseil d'État énonce dans l'arrêt « Tropic » que le recours doit être exercé, y compris si le contrat contesté est relatif à des travaux publics, dans un délai de deux mois à compter de l'accomplissement des mesures de publicité appropriées, notamment au moyen d'un avis mentionnant à la fois la conclusion du contrat et les modalités de sa consultation dans le respect des secrets protégés par la loi.

- *Les demandes indemnitaires* :

Le recours « Tropic » permettait à un concurrent évincé d'obtenir une indemnisation à titre accessoire ou complémentaire » (CE, 11 mai 2011, n° 347002, Sté Rébillon Schmit Prévot : Contrats-Marchés publ. 2011, comm. 220, note W. Zimmer).

3. Contrairement aux référés précontractuel et contractuel, les moyens invocables n'ont pas été limités. Il s'ensuit que, dans le cadre du recours « Tropic », les concurrents évincés peuvent mettre en cause la validité d'un contrat en se fondant sur tout moyen.

Cependant, le juge administratif dispose d'un large pouvoir d'appréciation pour décider l'invalidation du contrat. Selon le Conseil d'État, « il appartient au juge, lorsqu'il constate l'existence de vices entachant la validité du contrat, d'en apprécier les conséquences ; qu'il lui revient, après avoir pris en considération la nature de l'illégalité éventuellement commise, soit de prononcer la résiliation du contrat ou de modifier certaines de ses clauses, soit de décider de la poursuite de son exécution, éventuellement sous réserve de mesures de régularisation par la collectivité contractante, soit d'accorder des indemnisations en réparation des droits lésés, soit enfin, après avoir vérifié si l'annulation du contrat ne porterait pas une atteinte excessive à l'intérêt général ou aux droits des cocontractants, d'annuler, totalement ou partiellement, le cas échéant avec effet différé, le contrat ».

C. L'ouverture du plein contentieux à l'ensemble des tiers

1. L'ouverture du recours pour excès de pouvoir n'a que très modestement amélioré la situation des tiers et cette situation était d'autant plus complexe que depuis 2007 et la jurisprudence « Tropic » le Conseil d'État distinguait entre les tiers ordinaires et les concurrents, ces derniers ayant la faculté de contester directement la validité des contrats de commandes publiques (CE, ass., 16 juill. 2007, n° 291545 : Rec. CE 2007, p. 360, concl. D. Casas).

C'est pourquoi le Conseil d'État a rendu l'arrêt en date du 4 avril 2014 *Département du Tarn-et-Garonne* (n° 358994) qui ouvre le contentieux de la pleine juridiction à l'ensemble des tiers.

En définitive, le Conseil d'État a supprimé, sauf l'exception préfectorale et le contrat de droit privé, le recours contre l'acte détachable.

2. Il convient de préciser que l'unification opérée par l'arrêt *Département du Tarn-et-Garonne* n'est pas totale.

En effet, le juge instaure une gradation dans la recevabilité des moyens.

Le représentant de l'État dans le département et les membres de l'organe délibérant de la collectivité, « compte tenu des intérêts dont ils ont la charge », peuvent invoquer tout moyen.

Quant aux tiers ordinaires, ils ne peuvent invoquer que des vices en rapport direct avec l'intérêt lésé dont ils se prévalent et ceux d'une gravité telle que le juge devrait les relever d'office.

3. Parce qu'une telle action pourrait aboutir à invalider un contrat contre la volonté des parties qui n'avaient pas fait le choix de saisir le juge, il appartiendra à ce dernier, lorsqu'il constate l'existence de vices entachant la validité du contrat, d'en apprécier l'importance et les conséquences sur le maintien du contrat.

Selon le Conseil d'État, il revient au juge, après avoir pris en considération la nature de ces vices, *soit* de décider que la poursuite de l'exécution du contrat est possible, *soit* d'inviter les parties à prendre des mesures de régularisation dans un délai qu'il fixe, sauf à résilier ou résoudre le contrat.

Ce ne sera qu'en présence d'irrégularités qui ne peuvent être couvertes par une mesure de régularisation et qui ne permettent pas la poursuite de l'exécution du contrat, qu'il reviendra au juge de prononcer, le cas échéant avec un effet différé, après avoir vérifié que sa décision ne portera pas une atteinte excessive à l'intérêt général, *soit* la résiliation du contrat, *soit*, si le contrat a un contenu illicite ou s'il se trouve affecté d'un vice de consentement ou de tout autre vice d'une particulière gravité que le juge doit ainsi relever d'office, l'annulation totale ou partielle de celui-ci.

4. Enfin, la jurisprudence *Département du Tarn et Garonne* n'a pas (encore ?) impacté le contentieux de l'exécution du contrat dont une partie demeure traité dans le cadre du recours pour excès de pouvoir.

En principe, une décision prise par l'administration contractante à l'occasion de l'exécution du contrat (ordre de service, modification, résiliation...) ne peut faire l'objet d'un recours pour excès de pouvoir car elle n'est pas détachable.

Cependant, la jurisprudence a admis une telle détachabilité dans certaines situations exceptionnelles.

Les tiers peuvent saisir le juge de l'excès de pouvoir, ce qui a, en particulier été admis par l'arrêt *LIC* (CE, 24 avr. 1964, Société de livraisons industrielles et commerciales : D. 1964, jurispr. p. 665, note Ch. Debbasch; AJ 1964, p. 308, concl. M. Combarnous). En l'espèce, il s'agissait pour un tiers de contester le refus de résilier un contrat.

En outre, la jurisprudence a également admis la « détachabilité » de la décision de résilier une concession (CE, 2 févr. 1987, Sté TV6 : Rec. CE 1987, p. 28; RFDA 1987, p. 29, concl. Fornacciari).

II. Le déféré préfectoral

1. La loi n° 82-213 du 2 mars 198 a institué un contrôle de légalité sur les actes des collectivités territoriales, de leurs établissements publics dont les modalités sont codifiées aux articles L. 2131-1 et suivants du Code général des collectivités territoriales (CGCT, art. L. 2131-6, pour les communes; art. L. 3132-1, pour les départements; art. L. 4142-1, pour les régions...). Ce contrôle s'exerce par la voie du déféré, qui est un recours exercé par le préfet, représentant de l'État.

Le juge administratif assimilait ce recours à un recours pour excès de pouvoir (CE, sect., 26 juill. 1991, n° 117717, Cne Ste-Marie : RFDA 1991, p. 966, concl. Legal). Toutefois, une décision récente (CE, 23 déc. 2011, n° 348647, min. Int. c/ SIDEN), le Conseil d'État considère dorénavant que le juge, saisi d'un déféré préfectoral contre un contrat, est saisi d'un recours de pleine juridiction.

2. Le représentant de l'État saisit le tribunal administratif dans le ressort duquel se trouve le siège de la collectivité territoriale qui a pris l'acte (art. R. 312-15 du code de justice administrative).

Le déféré doit être exercé dans le délai de deux mois suivant la date de réception de l'acte par l'autorité préfectorale et non celle de son envoi par l'autorité locale.

3. L'on sait que le code général des collectivités territoriales distingue entre les actes devant être obligatoirement transmis au représentant et ceux qui n'ont pas à être soumis à cette formalité et qui sont donc aussitôt exécutoires. Du point de vue du déféré, c'est-à-dire pour la saisine du juge, cette distinction est sans effet.

Peuvent ainsi être soumis au juge administratif, les actes que le code général des collectivités territoriales soumet à l'obligation de transmission au représentant de l'État. Il s'agit, en particulier des délibérations du conseil municipal et, plus généralement, tous les actes préalables à la conclusion du contrat (T. confl., 14 févr. 2000, n° 3138, Cne Baie-Mahaut : BJCP 2000, p. 186, concl. Schwartz).

En outre, le préfet pourra le saisir des conventions relatives aux emprunts, aux marchés et aux accords-cadres, ainsi que les conventions de concession ou d'affermage de services publics locaux et les contrats de partenariat (art. 2131-2 du code général des collectivités territoriales). Toutefois, ne sont pas concernés les contrats administratifs (CE, sect., 27 févr. 1987, n° 54847, Cne Grand-Bourg-de-Marie-Galante : RFDA 1987, p. 212, concl. Stirn, p. 777, note Douence).

Peuvent encore être soumis au juge administratif, les actes ou les contrats qui ne sont pas soumis à cette obligation de transmission (CE, 4 nov. 1994, n° 99643, Dpt Sarthe : AJDA 1994, p. 898, concl. Maugüé), à la condition que le contrat soit administratif (CE, sect., 27 févr. 1987, n° 54847, Cne Grand-Bourg-de-Marie-Galante : préc.).

4. L'on rappellera que, dans le cadre de la nouvelle jurisprudence *Département du Tarn-et-Garonne*, le représentant de l'État dans le département, « compte tenu des intérêts dont il a la charge », peut invoquer tout moyen.

À retenir

- Le contentieux contractuel est un contentieux traditionnellement de pleine juridiction réservé aux seules parties au contrat.
- Afin de permettre aux tiers de faire valoir leur droit de critique à l'encontre d'opérations contractuelles qui les affectent, le recours pour excès de pouvoir leur a été ouvert.
- Aujourd'hui, cette voie de droit est en net recul, les tiers pouvant exercer des recours de pleine juridiction contre le contrat.

Pour en savoir plus

- D. Pouyaud, *Recours pour excès de pouvoir des tiers et contrats publics* : BJCP 1999, p. 238.
- J. Gourdou et P. Terneyre, *Pour une clarification du contentieux de la légalité en matière de contrats* : CJEG 1999, p. 248.
- J.-F. Sestier, *De l'arrêt « Tropic » à l'arrêt « Tarn-et-Garonne » : mort et résurrection du recours des tiers* : JCP éd. Adm. 2014, comm. 2152.
- P. Terneyre, *Les paradoxes du contentieux de l'annulation des contrats administratifs* : EDCE, 1987, p. 69.

Pour s'entraîner

1) *La commune de A. a conclu un marché de maîtrise d'œuvre concernant la construction d'un complexe cinématographique avec la société B. Un avis d'attribution a été publié le 13 juillet 2011 mentionnant simplement le nom de l'attributaire du marché et le montant de celui-ci. La société C. dont l'offre avait été rejetée décide de saisir le juge d'un recours contre le contrat. La requête est introduite le 11 janvier 2012. La commune soutient que ce recours aurait été introduit hors délai. Qu'en pensez-vous ?*

2) *Par une délibération du 16 septembre 2013, le conseil municipal de la commune de A. a autorisé la vente à la société B. d'un terrain relevant de son domaine privé. Le 22 décembre 2013, la vente est intervenue par acte notarié lequel comprend une clause exorbitante. Or, après la signature de la vente, le service juridique de la commune s'aperçoit que l'avis du service des domaines qui est obligatoire et auquel se référait le contrat ne portait pas sur l'ensemble des parcelles cédées. Pour régulariser l'opération, la commune décide de solliciter un nouvel avis du service des domaines portant sur l'ensemble des parcelles et, par une délibération du 23 février 2014, le conseil municipal a approuvé rétroactivement la promesse de vente à la société B. Est-il possible à un conseiller municipal, selon vous, d'attaquer le contrat ?*

Corrigé

1) Aux termes de la jurisprudence « Tropic », le recours doit être exercé, y compris si le contrat contesté est relatif à des travaux publics, dans un délai de deux mois à compter de l'accomplissement des mesures de publicité appropriées, notamment au moyen d'un avis mentionnant à la fois la conclusion du contrat et les modalités de sa consultation dans le respect des secrets protégés par la loi.

Toutefois, il convient que l'avis d'attribution soit suffisamment précis. Ainsi, dans l'avis en cause, ni la date de conclusion du contrat ni les modalités de consultation de ce contrat n'étaient indiquées. Faute de ces indications, les délais de recours à l'encontre du contrat n'avaient pas commencé à courir à la date de la saisine du juge administratif.

2) Le contrat ayant été signé avant le 4 avril 2014, le recours ouvert par la jurisprudence Département du Tarn-et-Garonne serait irrecevable. Le conseiller municipal ne pourrait que contester un acte détachable et, en particulier, la délibération autorisant le maire à signer le contrat.

Il n'est pas évident, par contre, que ce conseiller puisse obtenir l'annulation de cet acte. En effet, s'il s'agit notamment d'un vice de forme ou de procédure propre à l'acte détachable et affectant les modalités selon lesquelles la personne publique a donné son consentement, l'administration peut procéder à sa régularisation. En effet, si le nouvel avis des domaines a confirmé la précédente estimation, le consentement de la commune n'a pas été vicié.

Index

(Les numéros renvoient aux numéros des Fiches)

Achevé d'imprimer par Corlet, Imprimeur, S.A. - 14110 Condé-sur-Noireau
N° d'Imprimeur : 168590 - Dépôt légal : décembre 2014 - *Imprimé en France*